裱糊匠

王开林 著

复旦大学出版社

目录

自　序　纸糊的大厦到处着火 / 1

魏　源　《海国图志》/ 5
郭嵩焘　中国人闭门自尊大 / 29
李鸿章　裱糊匠演独角戏 / 57
张之洞　清王朝的头号掘墓人 / 121

纸糊的大厦到处着火（自序）

在个人和群体的诸多梦想中，强国梦涉及的范围最大，实现的难度也最大。但那些以天下为己任的仁人志士知难而进，在逆势下挣扎，在绝境中抗争，非要兑现这个梦想不可，观其倔犟执著的劲头，绝非语言文字可以形容。

道光二十年（1840），扃闭（jiōngbì，关门）的国门被列强的开花大炮轰然打破，通商的好处得着不多，鸦片的流毒却受着不少。遇此数千年未有之剧变，林则徐力主禁烟，同时尽可能地了解外部世界的详情，掌握其大要，以求知己知彼。他委托魏源编辑《海国图志》，使蒙昧的国民对五洲四洋的地理、欧美各国的历史和现状有了粗浅的认识。更难能可贵的是，魏源为强国梦勾勒出一幅草图，将核心主张"师夷长技以制夷"和盘托出，这种以实用科学技术救国的理想乃是救焚拯溺的方便法门，对于孔孟之徒而言，已是一剂狼虎猛药，很有些吃不消，即使是那些洋务运动的先驱和后继，也多半浅尝辄止，真正全心全意拥抱西学西技的人万不得一。张之洞的"中学为体，西学为用"，帮国人找到了心理平衡点，但其内部冲突仍然剧烈，以实用主义的态度对待西学，即使是当时最精英的中国士绅，也陷入了鬼打墙的窘境和困境。

　　魏源之后，思想上真正有所突破和突进的是郭嵩焘。他首任大清帝国驻英公使兼驻法使臣，了解欧洲强国的政治、文化、历史，比魏源更直观，也更深入，观察更细致，也更翔实，因此他的见地更超卓，也更高明，他认为学习西方科技只能治标，学习西方政教才能治本。这样高超的见解，别说慈禧的花岗岩脑袋领悟不了，就是在洋务派中，也是如闻天书，仿佛秋风射马耳，对牛弹琴。

　　强国梦做到暮年的李鸿章那儿，已变成了一场不折不扣的噩梦。大清帝国纸糊的大厦到处着火，他是消防队长，灭火不暇，分身乏术，可叹他扑救和补救的手段有限，办法奇缺，无非是割地，赔款，开放沿海口岸，牺牲矿权和路权，为此讨价还价。列强轮番进行分赃竞赛，十有八九他都是现场的第一见证人，这种难堪的角色与其强国理想所形成的冲突之大，所造成的屈辱之深，是很难被外人所谅察和理解的。慈禧太后至死不悟，中国为什么处处不如外国？她紧握权杖，大发雌威，将两个皇帝（同治和光绪）拘在其卵翼下，整治得全无雄风，也将大清帝国拘在其羊皮灯笼中，收拾得黯淡无光，军费供其修乐园，民财供其筑阴宅，国家由这样浅见短视、穷奢极欲的人来领导，强国梦不变成噩梦也难。甲午海战后，接踵而至的是戊戌政变和庚子拳乱，李鸿章殚精竭虑，收拾无可着手的烂摊子，纵然用尽浑身解数补罅（xià 裂缝）善后，亦莫能救济其万一。悲哉李鸿章，干的是西西弗斯推石上山的苦役，背的是汉奸、卖国贼的千古骂名。

近年，研究晚清史和民国史的学者转而将注意力集中在张之洞的另一个更为出彩的角色定位上，他被视为清王朝的头号掘墓人。张之洞在湖北经营十余年，编练出一支精锐的新军，本想延长帝国的气数，结果事与愿违，一次擦枪走火就震断了王朝的筋脉。想要强国的人，最终却走向了愿望的反面。

强国梦为何难以兑现？国家之强，要举世公认，有大规模杀伤性武器威慑群敌，很好，但还不够；有无远弗届的劲旅止戈为武，很好，但还不够；有积若丘山的财富藏于国库，很好，但还不够；有源远流长的历史、文化引以自豪，很好，但还不够；有幅员辽阔的领土生息万民，很好，但还不够……最重要的是，国家精英要能设计出一个保障民有、民治、民享的可行性制度，使之臻于完善而无颠覆之忧。欧美几大强国的成功，早已为中国示范。然而，当救亡压倒一切时，当精英们各怀私虑、各打自家算盘时，制度设计必然付之阙如，或者弄成四不像。美国之所以有今日之强大，与当初联邦党人的深谋远虑息息相关，与那些社会精英谋及当代更谋及千秋的智慧息息相关。在晚清的凄风苦雨中，又何尝有这样的人物横空出世？李鸿章尚且自嘲为"裱糊匠"，别人又岂能扮演更像样更有作为的角色？

科技现代化、政治现代化、人文精神三者齐备所产生的合力，乃是一个国家上升和强大的原动力，三缺一、三缺二，都将前途堪忧。

魏源

《海国图志》

《海国图志》博采众书,令数千年夜郎自大、故步自封的中国人饱饱地开了一回眼界,对久患自闭症的国人无疑具有振聋发聩、荡心涤肺的作用。

从先秦迄于晚清，在政治、经济、文化、思想诸方面，中国人两千多年都在吃老本。不用说，我们的老祖宗也有硌牙的时候，匈奴入侵，五胡乱华，蒙古灭了南宋，满族入主中原。但老祖宗很快就用孔仁孟义将那些凶悍之至的"夷狄"同化了，于是，他们仍然能够从痛苦和屈辱中获得阿Q式的精神满足。"对于蛮族，文化上的失败抵消了军事上的胜利；对于中华，文化上的胜利则补偿了军事上的失败"，这种情形多多少少使汉民族的读书人产生美丽的错觉：老祖宗的遗产已足够完美，足够精粹，可以对那些舶来的奇技淫巧应付裕如。于是，他们心乃安然，要么一头钻进尘封的故纸堆，整理那些破破烂烂的东西，要么干脆大打其呼噜。

殊不知，这个久已失去活力的老大帝国——被马克思视为"小心保存在密封棺木中的木乃伊"——正置身于火药桶上，沉疴痼疾，一时俱发，天朝上国的威严即将扫地以尽。道光二十年（1840），并不吉利的英吉利炮弹轰掉了清朝的"门牙",惊醒的士大夫——诸如林则徐、魏源、龚自珍等人——顿时意识到问题的严重性。鸦片是毒源,不可不禁,但断掉了日不落帝国的财路,在外交与军事上,必然会招致异常凶猛的老拳和重炮。

近代中国当政者值此"数千年来未有之变局",遭遇的又是从海上出现的"数千年来未有之强敌",关键之关键就是要尽快找到抵御外侮的办法,受欺负的次数多了,挨打的一方首先想到的无疑是,洋人船坚炮利,我也要船坚炮利;洋人有铁路轮机,我也要有铁路轮机;洋人有声光化电,我也要有声光化电。但要造出杀伤力空前惊人的坚船利炮,天朝上国还得放低身架,去低声下气向洋人学习。老朽的大清帝国骄妄惯了,二百年紧抱不放的"天朝中心论"行将瓦解,这口心气如何能平?

"师夷长技以制夷"

乾隆五十八年(1793),英国派特使马戛特尼公爵到中国建立外交关系,他在朝堂上拒不叩头,如此一来,以"四夷宾服"而志骄意满的天潢贵胄才发现世界之大,居然会有不肯下跪的硬膝头。1838年,雷夫查尔斯·古茨拉夫在他的著作中描述大清帝国："与整个世界完全隔绝，以不可言状的轻视态度看待其他任何国家。"大清帝国自雄自傲，自居为顶级文明的核心国度，将本国之外的"夷人"统统视为野蛮人。马戛特尼公爵晋见乾隆皇帝之后不足五十年，鸦片即源源而至，炮弹则纷纷而落，清王朝穷于招架，郁闷认栽。

清朝闭关锁国一百多年，一局酣梦被英国人的大炮震成碎片。那些天朝上国的海防将领久已不娴业务，他们初次看到英国战舰时，简直不敢相信自己的眼睛，无风鼓帆，无人操楫，偌大的船身为何能够进退自如？他们认为，这是洋毛子的邪气作祟，于是派士兵到城里和乡下广泛收集妇女的夜壶（溺器），以它们为"压制具"，放在炮台和船舱镇邪。结果是，清军的这种做法就轮到英军不敢相信他们的常识了。那时候，中土和外洋的信息竟如此不对称，令人发噱（xué，笑）。但夜壶是挡不住军舰的，正如义和团的护身符挡不住子弹一样，世间多有比狼牙棒更厉害的狠家伙，于是天灵盖危乎殆哉。

中国士大夫的"强国梦"该从何处做起？湘人魏源给出的标准答案是"师夷长技以制夷"。且把面子观念搁置一旁，老老实实拜洋人为师，学习他们先进的科学技术，这显然是"科技救国"思想的原始版本，在当时已算得上最为激进的主张，只有林则徐、陶澍、龚自珍、汤鹏、贺长龄等少数人热烈响应和支持。林则徐痛感中国"器不良也"和"技不熟也"，他认为要改变清王朝落后挨打的局面，就必须从"器"与"技"两方面迅速入手。

第二次鸦片战争（1856）之后，中国政府高层发起的力图自救自强的洋务运动勃然而兴，一大批"中兴名臣"（奕䜣、曾国藩、左宗棠、李鸿章、张之洞）都陆续加入进来，他们奉为圭臬（guīniè，准则和法度）和指南的依然是魏源"师夷长技以制夷"的思想，更加侧重于造船制器，视此为强国振邦的首要本钱。曾国藩一向以见解超卓著称，他的言行如何？"剑戟不利，不可以割断；毛羽不丰，不可以高飞"，他办洋务最讲究的就是操兵造械之法。1865年夏，丁日昌筹建江南制造局，李鸿章上奏朝廷，这样写道：（兵工厂一旦建成），"尤有望于将来，庶几取外人长技以成中国之长技，不致见绌于相形，斯可有备而无患"。李鸿章还说过，"中国但有开花大炮、轮船两样，西人即可敛手"。清朝重官抑商，官督商办的军事工业最终走入死胡同，豪商不兴而劲卒全无，这居然没有促使素称机警的李鸿章认识到比制器之器更重要的是制度建设，必须严格遵照市场规律行事，这不能不说是一件令人相当遗憾的事情。在镇压太平军后不久，曾国藩和李鸿章对清王朝的政教体制依然充满信心,并没有产生病入膏肓的忧虑。既然他们认为根本未坏,治标即可获奏全功,洋务运动所追求的自强就望山跑死马了。最好的例证是,曾国藩为赴美学童所定的章程中规定,他们除了学习西艺,还必须由中方教师课以《孝经》《小学》《五经》及《国朝律例》,以免这些留学生数典忘祖。这就不免使我眼前显现出滑稽的景象:一位着装半土半洋的病人(清王朝)左脚穿着牛皮高跟鞋(西方的科技),右脚穿着布面平底鞋(中国的政教),他居然想跑得比赛马(列强)还快。

《海国图志》的出炉

魏源(1794—1857),原名远达,字良图,后改名为源,字默深,法名承贯。少小时,他就"寡嬉笑,常独坐",勤奋好学,常熬夜苦读,母亲反复催其熄灯,甚至哭求他爱惜身体,魏源才稍稍有所松弛。九岁时,他应童子试,县令出上联"杯中含太极",他对下联"腹内孕乾坤",气魄之大,抱负之伟,令考官刮目相看,赞不绝口。

魏源与龚自珍齐名,会试时曾双双落第,当时的人鉴刘逢禄赋《两生行》,哀惜不已。《汉书·扬雄传》称传主"口吃不能剧谈，默而好深湛之思"，魏源仰慕扬雄的才名，同样寡言精思，他取字为默深，确实很有自知之明。表面看去，魏源是个书呆子，年轻时，他"默好深湛之思"，醉心于各类典籍，一入书斋，就足不出户，偶尔出门，竟会引致家狗和邻犬的群吠。他"寡言笑，鲜嗜欲，虽严寒酷暑手不释卷，至友晤谈，不过数刻，即伏案吟哦。舟车中，铅黄不释手"。实际上，魏源是个极为关注古今成败利病的读书人，年轻时他曾在自家厅堂柱子上题写楹联一副："读古人书，求修身道；友天下士，谋救时方。"魏源于学无所不窥，他所师从的胡承珙、姚学塽、刘逢禄、董桂敷、包世臣都是当时品学兼优的大儒。难能可贵的是，他博涉旁通，对盐政、漕运、水利、赋税等当世实务具有精到的见解。魏源一生不怎么走运，他当了几乎半辈子幕僚，直到五十岁以后才做了两任知县和一任知州。封疆大吏贺长龄、陶澍和林则徐政绩卓著，其中都有魏源出谋划策的功劳。他们既是上下级，又谊兼师友，共同寻求强国之道，魏源的头脑是当时最睿智的头脑，陶澍和林则徐均表示过由衷的钦佩。

《清史稿·魏源传》称赞魏源"兀傲有大略，熟于朝章国故。论古今成败利病，学术流别，驰骋往复，四座皆屈"。他曾建议将黄河改回北行故道，没人理睬，五年后，铜瓦厢决口,黄河果然北流。真是让人想不通,魏源是一流人才,在科举路上却多年蹭蹬(cèngdèng,困顿、失意),如果说他二十九岁应顺天府乡试高中第二名(俗称"南元")还不算太迟,那么他五十二岁才考取进士则绝对可算是桑榆晚景了。道光二年(1822),壬午科乡试前,魏源的好友、湖南老乡、大书法家何绍基作了一首七绝《柬魏默深》,诗中流露出担忧之情:

蕙抱兰怀只自怜,美人遥在碧云边。
东风不救红颜老,恐误青春又一年。

所幸这一次魏源高中顺天乡试第二名。其后,魏源多次进京会试,频频受挫,他倒是愈挫愈奋,就是不肯服气认输。道光二十三年(1843),魏源进京赴试甲辰会试,在致好友邓显鹤的信中,他大吐苦水,且自我调侃道:"自海警以来,江淮大扰,源之生计,亦万分告匮。同人皆劝其出山,夏间当入京师,或就彭泽一令,或作柳州司马矣。中年老女,重作新妇,世事逼人至此,奈何?"会试时,由于文稿草率(卷面不够整洁),他被罚停殿试一年。在这段郁闷期,他作诗《都中吟》十三首,第一首即讽刺八股取士,诗中有这样的句子:

"雕虫竟可屠龙共，谁道所养非所用！屠龙技竟雕虫仿，谁道所用非所养！"直到道光二十五年（1845）春季，魏源补行殿试，中乙巳恩科三甲九十三名，赐同进士出身，这才脱去青衫，正式踏入官场。这一年，魏源五十一岁。但相比某些古人，他已算幸运。宋代的詹义七十三岁才登科，清代的谢启祚九十八岁才中举，其自嘲诗中为："行年九十八，出嫁弗胜羞。照镜花生面，梳光雪满头。自知真处子，人号老风流。寄语青春女，休夸早好逑。"在中国古代，科场功名耗费了许多人一生的好光景，才士被其网罩，豪杰遭其牢笼，往往被收拾得精髓尽涸，毛羽皆枯，简直比老处女出嫁还不如。

太史公司马迁曾在《平原君虞卿列传》中大发感叹："然虞卿非穷愁，亦不能著书以自见于后世云。"魏源时运不济，要逆风逆水地传播自己的思想，也就只有编书、著书二事可为。魏源主张"以经术为治术"，"通经致用"，将盛极一时的乾嘉汉学视为无用之学。他志在矫正当时的学风，在以下四个方面可谓开创风气之先："倡经世以谋富强，张掌故以明国是，学经文以谈变法，究舆地以筹边防。"

有一件大事不可不提，魏源为同乡好友、江苏布政使贺长龄编纂了一套一百二十卷的《皇朝经世文编》，他从清朝开国之初至道光五年的各家奏议、文集、方志等海量文献中遴选出两千两百多篇"存乎实用"的文章,分为学术、治体、吏政、户政、礼政、兵政、刑政、工政八大门类,各门类下的子目更为详细,最多者有六十五个子目,足见其用功之深,关注之广。这套"大砖头"充分体现了魏源一以贯之的"与时俱变"、"经世致用"的主张。他说,"书各有旨归,道存乎实用",这套皇皇巨编中所选本朝名臣的奏章无不切中时弊,充满忧患意识和自强精神。清末大学者俞樾称赞这部大书"数十年来风行海内,凡讲求经济者,无不奉此书为矩矱（jǔyuē,尺度法则）,几于家有其书","三湘学人,诵习成风,士皆有用世之志"。王夫之、陶澍、贺长龄、魏源、曾国藩、左宗棠、胡林翼、郭嵩焘、谭嗣同等人所极力倡导的湖湘文化,其高度浓缩的主旨也就是"经世致用"这四个字。《皇朝经世文编》的印行,在晚清政界和学界乃是一件轰动的大事,政界从中吸取了思想的养分,学界则开始扫除空疏的学风,"家家许、郑,人人贾、马"的汉学局面开始发生改观。

魏源一生交游极广,但他并非毫无选择和毫无原则。他进士之后,当朝炙手可热的大学士穆彰阿打算将他罗致门下,他却"漫不为礼",把一个抱粗腿、攀高枝、平步青云的机会轻易放弃了。他极端鄙视穆彰阿"保位贪荣,妨贤病国",以列于其门墙之下为耻。穆氏在鸦片战争期间力主求和,为投降派暗通声气，排斥和打击主战派的风头人物林则徐。魏源明知投靠穆党即可做翰林学士，得美官肥差，但他把清誉看得比生命还重。俗子讥笑他不识抬举，他呢，心安理得。对于魏源"师夷长技以制夷"的主张，曾国藩既熟知又欣赏，可是这两位湖南大贤没有任何交集，原因就在于曾国藩是穆党中人，受过穆彰阿的举荐之恩，魏源拒绝过穆氏的青睐和抬举，得罪过那位朝中头号权贵。如果不是这个原因，他们应该不会"声气无通，只字无考"，以至于缘悭（qiān，欠缺）一面。魏源晚年得罪军界强人杨以增，受其陷害，以"迟误驿报"、"玩视军务"之过，于咸丰三年（1853）被清廷革去高邮知州的官职。魏源失意于官场，花甲之后，皈依佛门，修持净土宗，日诵佛号七万次，以求早登极乐世界。"闭目澄心，危坐如山，客至亦不纳。即门生至戚，接二三语，便寂对若忘"。这位中国近代大思想家由实而入虚，由真而归玄，看空之后，晚清的局势也从此江河日下了。

魏源一生最值得称道的事功就是编著完成《海国图志》一百卷。在此之前，他编著的《圣武记》十四卷，可称先声。此书采用纪事本末体，历述清初开国、统一东北和内外蒙古、削平三藩、勘定回疆、前后藏与大小金川等史实为前十卷，后四卷为《兵事余记》，详载清代典章制度、练兵整军、攻守防御、购械筹饷的各类战略战术。在内忧频仍、外寇环伺的困境下，清王朝要富国强兵，学习先祖的勇武开拓精神固然不谬，但也要正视现实，对症下药。魏源开出的三味药方是："兵在精不在多"，"用兵宜有变化"，"御外侮在知己知彼"。他认为，翻译夷书、夷史乃是当务之急。龚自珍对魏源编著《圣武记》之壮举评价极高，提炼为十六字："读万卷书，行万里路；总一代典，成一家言。"此书流播海外，令日本学者佐久间象治拍案叫绝，竟称赞魏源为"海外同志"。

魏源也曾做过改革的受益者。道光十二年（1832），陶澍改革盐政，魏源襄赞（辅佐帮助）其事。他凭借票盐赚到了一笔可观之财，在扬州购得絜园，园林优美，面积很大。好友萧梅生来信道贺，不无羡慕地说："足下盐利大获，在扬州买宅，居然与富商等。"像这样快意的日子，魏源一生中都少有。

道光二十一年（1841），魏源赴京口（今镇江），与被清廷遣戍伊犁"效力赎罪"的林则徐相会，从后者那里得到《四洲志》的稿本和大量珍贵的图表资料，并且接受林则徐的郑重嘱托，开始编撰一部长达百卷、务出己意的《海国图志》。此书是中国近代首部较为完备的世界地理书籍，其宏大的篇幅涉及世界历史、政治、经济、科学、文化、历法、风俗、宗教等众多门类，堪称一部集大成的百科全书。魏源在《海国图志》的序言中阐明了他编纂此书的意图和目的："是书何以作？为以夷攻夷而作，为以夷款夷而作，为师夷长技以制夷而作。"外国人的长技既包括造舰造械，养兵练兵，也包括治国治民。

从尊王攘夷到尊王师夷，这已是一个不小的进步。魏源可不想玩什么炫人眼目的虚招，他编纂此书是要促使国人睁眼看世界，"悉其情节，知其控驭"。《海国图志》博采众书，取精而用宏，"图以经之，表以纬之，博参群议以发挥之"，近代全球意识、国防意识、外交意识、商业意识皆呼之欲出，它确实令数千年拘束于此土此域、夜郎自大、故步自封的中国人饱饱地开了一回眼界，这种类似于醍醐灌顶的直输式的启蒙，对于久患自闭症的国人无疑具有振聋发聩、荡心涤肺的作用。英、法、美、德、俄、意、西、葡、荷、比、日的国情如何？读了这本书，中国人至少可以增长一点知己知彼的理性认识。其中，魏源对英、美两国的民主制度不吝赞美之词，更见出作者取法乎上的政治眼光。

晚清七十年，"师夷"之说始终受到保守派的质疑和排拒。魏源死后不久，同治皇帝的师傅倭仁就曾向赞成"师夷"的恭亲王奕訢发难，他站在儒家的立场上振振有词："窃闻立国之道，尚礼义不尚权谋，根本之图在人心不在技艺，今求之一艺之末，而又奉夷人为师，无论夷人诡谲，未必传其精巧，即使教者诚教，所成就者不过术数之士，古今未闻有恃术数而能起衰弱者也。天下之大，不患无才，如以天文算术必须讲求，博采旁搜，必有精其术者，何必夷人？何须师事夷人？"倭仁认定医国金丹唯有仁义道德，科学只是不入流的术数，在国内找找，就能找到一大堆打卦抽签摸骨算命看风水的师傅。何况洋人十分狡诈，未必肯将核心技术全教给中国人。当时，像倭仁这样专治急惊风的慢郎中还不在少数，由于他们能够在朝野间制造种种阻力，"师夷"就往往只是走走过场，极不完全，一知半解的学生想要空手制夷，简直等于痴心妄想。

《海国图志》出版后，一纸风行，洛阳纸贵。数十年后，梁启超仍然极口称赞它是"不龟（jūn，同"皲"，皮肉开裂）手之药"，肯定它能支配百年以来的人心，影响深远而巨大。中国读书人所获得的世界地理知识，起初都是拜此书所赐。广东大儒陈澧称道魏源是"有志之士"，称赞《海国图志》是"罗列荒远之国，指掌形势"的奇书。

《海国图志》深刻影响了中国的洋务派、早期维新派和戊戌维新派，成为他们奉若圭臬的教科书。这部皇皇大著一经问世即很快传播到东洋,日本明治时期的政治改革家佐久间象山、吉田松荫、桥本左内、横井小楠等人从中所获得的借鉴甚至比中国政治家还要多。说是墙内开花墙外香,也不为错。在《翻刊〈海国图志〉序》中,日本盐谷世弘甚至为怀才不遇的魏源抱屈鸣冤,为有眼无珠不识国之重宝的清道光皇帝、咸丰皇帝感到悲哀:

> 呜呼!忠智之士,忧国著书,其君不用,反而资之他邦,吾固不独为默深悲,抑且为清主悲也夫!

魏源勤于撰述,著作等身,一生共编书著书二十余种,其中《海国图志》影响至为深远,它是那个时代中华爱国者强烈要求变革的先声,由于外患日益危急,清政府腐败无能,经过好一阵头痛医头、脚痛医脚的折腾之后,终于以沉沦惨败而收场。魏源的药方够好,无奈清王朝已病入膏肓,无药可救。

瘸腿的现代化

晚清的孤臣孽子,但凡深惧瓜分豆剖之祸临头的,无不系心洋务。王阳明说过"杀人当在咽喉上著刀",救国又何尝不应该在病灶处投药?顺着魏源的思路,曾国藩主张"师夷智以造船炮",首建江南制造厂,发展军事工业。左宗棠也不是榆木脑袋,他点醒那些执迷不悟、死抱"天朝中心论"的天朝士绅,"泰西巧而中国不能安于拙也,泰西有而中国不能傲以无也"。张之洞则根据现实和国情,倡言"中学为体,西学为用",这一提法较能弥缝新旧两派的人心,因而成为后期洋务派最响亮的口号。他的《劝学篇》中还有激人奋发的"五知",时至今日,其积极意义仍未完全消失。"五知"是:

知耻——耻不如日本……

知惧——惧为印度、惧为埃及……

知变——不变其习,不能变法……

知要——西艺非要,西政为要……

知本——在海外不忘国,见异俗不忘亲,多智巧不忘圣……

这"五知"中,最具有警醒意义的是第四条"知要"。西艺即西方的科学技术,固然要学习,但更值得借鉴的是西方的民主政治,这才是根本。若仅学西艺,而忽略西政,知其强而不知其所以强，舍本逐末，无济于事。以民怨沸腾的专制之国与人尽其才的民主之邦战，未有不一败涂地的。

当初，郭嵩焘出任中国第一任驻英公使，征召十余名随员，竟无人响应。哪像后来大臣放洋，部属趋之若鹜，唯恐不能随行。及至曾纪泽（曾国藩长子）回国复命，国人才有了外交的皮毛认识，才知"洋毛子"并不无故杀人。可想当年风气闭塞到了何种地步。在欧陆的前沿地带，大清的外交官除了沐浴西方文明，也时时思谋中国的出路。郭嵩焘发现一个富有意味的对比，同为东方国度，蕞尔小邦的日本公费派往英国的留学生多达二百余名，中国却寥寥无几。日本留学生除了学习军事，还学习各种技艺，尤其重视法律和教育，不用说，这些人回国后必能养成全新的政治气候。中国留学生仅仅修习海军课目，却将政治、法律和科教的各种创制忽略一旁，这无疑是丢了西瓜，捡了芝麻。郭嵩焘提出了许多可行的良好建议，不断上奏清廷，在创办西式学堂方面进言尤为精切，却无奈"清政亡于拖"（张恨水语）。

清王朝的命脉捏在一个徒有心计而少有识见的泼妇（慈禧太后）手中，由她掌握最高决策权，将近五十年之久，这是近代中国最大的悲哀。李鸿章算是顶能干的了，别的且不说，单是北洋海军，只不过数年时间，就筑起了"钢铁长城"，军力跻入世界八强之列，使排在第十六位的日本羡慕不已。师夷之长技，到此程度，若魏源健在，也会击节叫好。但慈禧太后觉得够意思了，该轮到她修一座颐和园来颐养天年了。试想，在民主政体的国家，大敌内窥，外寇环伺，岂能容许最高决策者瞎胡来，挪用海军经费去修建个人享乐的仙乡？几年后，北洋海军故步自封，裹足不前，日本海军则大幅度赶超过去，我方的主力舰定远号、镇远号时速不足十五海里，对方的主力舰吉野号的时速则高达二十三海里，长技不长则攻守异势。何待敌方见我方在主炮上晾晒衣裤而启轻视之心？各项技术指标一比较，答案就如同和尚头顶的虱子——明摆着。甲午海战，北洋水师全军覆没，三分之二的官兵做了"龙王三太子"，说到底，仍是政治腐败导致了军事失利，这么大的帝国，居然没有国防部和最高参谋本部，打起现代化战争来，只能两眼抓瞎。满清的王公贵族不顾国难当头，依旧醉生梦死，苟且偷安，虽然有维新之举，有宪政之议，也无不浅尝辄止，患脐风（新生儿得破伤风）而夭亡。

专制政体内部往往缺乏强旺的造血功能，颟顸(mānhān，糊涂)的最高决策者——那位见识短浅的慈禧太后，除了好虚荣，讲排场，骄奢淫逸，别无安邦治国的才能，又如何领导一个下沉的老大帝国去获取生机？清王朝各级政府兴办洋务数十年，始终缺乏现代化的价值观和建立现代化制度的能力，因此只能束手束脚地搞"科技现代化"，害怕解放思想搞"政治现代化"，结果搞来搞去，搞出个"瘸腿的现代化"和"小儿麻痹症的现代化"，根本不堪一击，即便是这样畸形的既不中看又不中用的现代化，也因为制度性的缺陷和腐败而遭到"闷宫杀"，终至于学艺不精，长技不长，师夷数十年的结果只能用四个字来形容，那就是"有辱师门"，让洋人看了猛摇头，直冷笑。

魏源力倡"师夷长技以制夷"，主张科技救国，他开列出的虽然只是药效有限的偏方，在当时思想界"缺医少药"的情势下，已经是了不起的止血疗法。至于政治现代化，除非以革命的方式推倒专制王朝，建立民主政体，否则在中国传统的"八卦阵"中，只可能鬼打墙。

据美国学者费正清《伟大的中国革命·现代化的努力》所记，北洋水师于中日甲午海战中一战而烬后，光绪二十一年（1895），心怀丧师之痛的李鸿章硬着头皮赴东瀛求和，他与日本首相伊藤博文原是外交上正面交锋的对手，居然建立了相当不错的友谊，他们之间有一段客客气气的对话。李鸿章虽是战败方，但他仍按《孙子兵法》出牌，"上兵伐谋，其次伐交"。他说：

中日是最近的邻邦，而且使用同一种文字，怎么能够成为敌人呢？我们应建立永久的和平与协作，不使我们亚洲黄种人受到欧洲白种人的侵略和欺侮。

日本的边缘文化竟能反噬母体文明，已经说明它的活力异常强大。伊藤还能不明白这一点？所以他颇为自得，猛力敲打李鸿章：

十年前我就劝过你，要改革。怎么到现在还没有一点动静和起色？

李鸿章摇摇头，神情黯然。大清已是一桌"菜"，谁都可以下筷子，谁都可以染指分羹，他想改变这种颓势和乱局，谈何容易。李鸿章说：

我国的事样样都囿于传统，我不能按我的意愿去做。……我的愿力很大，却没有实行的可能，自己深以为耻！

李鸿章曾指出，中国之患在于读书人所学非所用，"我中土非无聪明才力，士大夫皆习于章句帖括，弗求富强实济"，举国无人潜心研究科学技术，这样故步自封是不可设想的。要刷新这种局面，则"内须变法"，朝廷应修改科举制度，为专研技艺的人特设科目，授予同等荣耀的功名和官职，一旦此路通达，富贵可期，则士风丕（pī）变（大变），"业可成，艺可精，而才亦可集"。但他这个较为温和的建议一直未能得到慈禧太后的首肯采纳，他的顾问冯桂芬提出以西方的各项知识作为政府选拔人才的标准，在当时，这样激进的主张自然更没有实现的丝毫可能。

直到七十四岁，主持洋务达半生之久的李鸿章才被迫走出国门（负有向俄国秘密乞援、签署《中俄密约》的使命），彼时正是他一生中心境最为凄苦的低落期。此行他游历欧美多国，眼界大开。德国内务大臣对他说过的一句话最堪寻味："若早来二十五年，岂不更妙？"真的晚了，一切都晚了，时间成本一旦耗空，就无法追偿。

相比而言，日本被迫敞开国门时，同样强调"富国强兵"，他们诚心诚意向西方学习政教、法律、科技，可谓尽弃故垒，不遗余力。明治政府废藩置县，大办银行，劝奖百工，斥巨资修建铁路，打造鹿鸣馆，礼遇外宾，厚待数以千计的外国专家，给予他们的报酬竟高于部长级的官员。明治政府还派出以岩仓具视为团长的高层考察团，出使欧美十二国，为期一年零十个月。伊藤博文年轻时曾留学英国，后来四下西洋，考察的时间共计五年多，经过严格的训练，他的头脑具备了"求知识于世界"的库容量，他认定实际的"才艺"比虚矫的"道德"更重要。伊藤博文先后四次来到中国，汉文水平也足敷所用。这位日本内阁总理大臣既有西方人的思辨力，又有东方人的灵活性，为了引领日本人尽快"脱亚入欧"，他特意在家中举办四百多人规模的大型化装舞会，他还时常抽空去基督教堂听洋牧师讲解《圣经》，以示开化。明治天皇对伊藤博文的信赖和倚重（请他四次组阁，四任枢密院议长），也是李鸿章无法从慈禧太后那里获得的，只有当她闯下大祸之后，才会将他这位极其称职的"救火队长"任命为全权大臣，为她排难消灾。

你可以说，在"有治人无治法"的中国政界，李鸿章只是一位精明强干的事务官，这个评价相当持平，不算高也不算低。他深知政治体制改革犹如换头手术，在中国不可能成功。他在极小的范围内发表过"变法度必先易官制"的真知灼见，对长官太多，政出多门，深致不满，但同时他又用相当畏难的语气说："中国文守千年，谁能骤更？"日本首相伊藤博文最大的贡献恰恰是在政治制度建设方面，经过他的多年努力，日本的朝藩政体升格为天皇制的立宪政体，有了国会，有了宪法。相比伊藤博文，李鸿章的成绩单确实寒碜得太多。

一条腿走路的现代化，究竟能走多远？我们已经看到晚清的败亡，这个教训太大了，想必九泉之下魏源也会为自己独执一偏而痛苦得踢破棺材板吧。单纯的"师夷长技"从来都是书生之见，纵然能行，也是治标不治本。在魏源之后，还有许多人声嘶力竭地呼吁过"科技救国"和"教育救国"，结果总是受阻于专制政体狭小的瓶颈而事与愿违，这一经验教训极其雄辩地提醒了孙中山、宋教仁及其后来人：中国现代化的内容不该局限于"四化"，还隐含着更关键的"五化"，那就是政治现代化，失去这一核心内容，强国梦就不可能变成现实。

郭嵩焘
中国人闭门自尊大

郭嵩焘的言行和思想的确不合乎"天朝上国"的规矩尺度，在朝野名士的眼中，他始终是个异端。

同治十三年（1874），英国军官布朗率领一支由二百多名武装人员组成的"探路队"进入中国云南境内，随行的翻译官马嘉理持有清政府总理各国事务衙门签发的外交护照，依循国际惯例，地方官理应保护他的生命安全。云南巡抚岑毓英为人浮躁强狠，对这些不速之客表面上热情款待，并派兵护送出境，暗地里却指使部将李珍国在途中伏兵截杀。事后，岑毓英又以不实之词谎称马嘉理为当地野人所害，意在推卸责任。英国公使威妥玛可不是那么容易善罢甘休的，经过长达一年的深入调查，他将此案的来龙去脉弄了个水落石出，证明曲在我方，迫使清政府于光绪二年（1876）秋派北洋大臣李鸿章与英国驻华公使威妥玛签订了共计十六款的《烟台条约》，主要内容为：中国借路给英国（一是由缅甸入云南，二是由西藏到印度），中国向英国商船开放多处内地口岸。此外，还有一项附加要求，清政府必须派出一位一品或二品实授大员远赴英伦，向英国政府当面道歉。

据梁溪坐观老人（张祖翼）《清代野记》所载，在云南巡抚岑毓英派兵击杀马嘉理之前，安徽巡抚英翰已派兵暗杀过两位英国传教士，由于是午夜行动，下手干净利落，没让英国教会和使馆找到任何证据，抓到任何把柄。那一次，除了两位英国牧师，遇害的还有在两条船上熟睡的四十多位无辜平民。绿营兵一把火烧了船屋，把尸体深埋在荒郊，始终没有败露形迹。最可恨的是，英翰晚年竟以此"光辉业绩"自鸣得意。

临危受命，出使西洋

常言道："弱国无外交。"清政府在战场和谈判桌上屡屡吃亏认栽之后，羞忿交加，所幸尚未失去最后那点理性，决定将坏事变成好事，干脆就汤下面，任命这位出使欧洲的谢罪大臣为首任驻英公使。当年，这差事可不是抢手的香饽饽，谁得到了它，就将遭致千夫指戳万人唾骂，往坏处想，甚至可能身败名裂。满朝文武莫不视之如畏途，谁会愿意在此群情汹汹的当口，去充当这个天字第一号的冤大头？令朝野惊诧的是，居然有人挺身而出，送肉上砧板，他就是"以为时艰方剧，无忍坐视之理"的兵部侍郎郭嵩焘（1818—1891）。

由于他曾针对"马嘉理案"上章弹劾过云南巡抚岑毓英,指责岑不谙事理,"持虚骄之气"而"贻累国家",建议朝廷重惩此人,以取得外交上的主动。委任状一发表,郭嵩焘即刻就变成了众矢之的。在郭嵩焘的故乡,湖南人的爱国主义精神极为强烈,他简直被攻击得体无完肤,有人撰联以阴损的语气责骂道:

> 出乎其类,拔乎其萃,不容于尧舜之世;
> 未能事人,焉能事鬼,何必去父母之邦!

联语引经据典,精彩绝伦,骂得也很痛快,却完全颠倒了是非黑白。晚清算什么"尧舜之世"?英国人也不是嗜血的魔鬼。郭嵩焘胆气十足,他敢撄(yīng,触犯)众怒,上疏批评那些浅见短识的士大夫,"不考究中外大势,一味负气自矜,徒恃虚骄,于国有害无益",他郑重表示自己出使英国是为了"能知洋情,而后知所以控御之法"。其见识之高,胆量之雄,一时无两。

迄至光绪二年(1876),中国的国门被洋人的重炮轰开已长达三分之一个世纪,清政府在外交事务上却依然是幼儿园水平,事到临头,被逼无奈,才派出自己的第一位驻外使节,你说可奇不可奇，可怪不可怪？按说，郭嵩焘破天荒，出任驻英公使，即便不是喜事一桩，也不是什么丧事啊，可他的家人却将此行看得十二分晦气，满门老小没一个脸色晴朗的。郭嵩焘本人却颇为乐观，他早就想知己知彼（"通知洋情"），他早就不愿夜郎自大，做那趾高气扬的井底之蛙。

先政教而后科技

以对待列强的态度来区别，晚清的士大夫可分为主战派和主和派两大阵营，郭嵩焘是坚定的主和派干将，这倒不是因为他认为中国太落后，才须忍辱求和。郭嵩焘曾以翰林编修的资格短期做过僧格林沁亲王的幕僚。当时，僧王率兵在天津抵抗英法联军入侵，特意向郭嵩焘请教攻守方略。郭嵩焘说："洋人志在通商，大人应该寻找正确的对策，而不是与之交战。海防无功可言，无效可纪，应当以安静为上。"僧王闻言默然。中国与西洋通商是个大课题，当时没几人敢提拎它，更没几人能理解它。后来，李鸿章说过一番颇有见地的话，大意是：中国与欧美各国通商是有益的，欧美各国的繁荣与中国人民的福祉有着不可分割的关联，难道他们愿意杀鸡取卵，竭泽而渔，把中国人榨干榨尽，而不留一点东西？僧格林沁是蒙古籍悍将，百战之余，只知攻守，至于攻守之外还别有更精细的讲究，他就难以明白了。此后，塘沽失陷，英法联军从天津杀向北京，抢掠之后焚毁圆明园，迫使清政府签订《北京条约》，清王朝在军事和外交两方面可谓溃败和完败。僧王回想郭嵩焘当初的建议，不禁感慨系之："朝官唯郭翰林爱我，能进逆耳之言。我愧无以对之，若早从其言，何至于此？"郭嵩焘主张与西洋通商，化干戈为玉帛，这就像是在旷野中呼喊，声音微弱，影响面窄，传播效果极其有限。

清朝早期洋务派的主心骨（以林则徐、魏源为代表）主张"师夷长技以制夷"，晚期洋务派的领袖（以曾国藩、左宗棠、李鸿章、张之洞为代表）主张"中学为体，西学为用"，虽前后赓续（gēngxù，继续），却是换汤不换药，更形象一点说，无异于"漏船载酒泛中流"。既然船（中学）是破的，人再聪明酒（西学）再好，又能受用几时？可悲就可悲在，当此紧要关头，力图自强自救的国人却没能及早从"天朝中心论"的迷梦中清醒过来，仍在"夷夏之辩"——所谓"天处乎上，地处乎下，居天地之中者为中国，居天地之偏者曰四夷。四夷，外也；中国，内也"（宋·石介《徂徕集》卷十）——的八卦阵中兜圈绕弯，不得其径而出。中国士大夫的优越感

35

全摆在明处：华夏为内，夷狄为外；华夏为尊，夷狄为卑；华夏为上，夷狄为下；以夏变夷为顺，以夷变夏为逆。这种传统的夷夏观几乎变成了朝野上下的思维定势和唯一的遮羞布，无人置疑，更无人将它戳穿撕破。按照这个逻辑，满人发迹于关外，原属夷狄，征服关内、统治中土应算是以夷变夏，所以明末清初一些崇尚气节、严夷夏之防的知识分子（例如顾炎武和王夫之）抵死也不肯承认清朝为正统王朝。然而，清朝二百余年君临天下，早已积怯为勇，积健为雄，不再疑惑，不再尴尬，敢自居为天朝上国，对更远更外的异邦持盲目的轻视之心，甚至当国门被洋人当成了厕门之后，这种可怜而又可笑的优越感仍然毫发无损。在他们看来，论船坚炮利、铁路轮机、声光化电，西方远胜于中国；论典章制度、政教道德，无疑是大清帝国更为完美，洋人难望我项背。此调之高，响遏行云，唯有能唱三个C音的"阿Q合唱团"才唱得出来。李鸿章可算是一大群糊涂虫中的明白人，且与洋人接触频繁，他的见解却不过尔尔："中国的文武制度，事事远在西人之上，独火器不能及。"（《筹办洋务始末》）张之洞也可算是一大群糊涂虫中的明白人，他同样强调："中国学术精致，纲常名教，以及经世大法无不毕具，但取西人制造之长，补我不逮足矣。其礼教政俗，已不免于夷狄之陋。学术义理之微，则非彼所能梦见矣。"(《劝学篇·序》)有这样尊贵的衮衮（gǔngǔn，相继不绝）诸公作大护法，"天朝中心"的童话遂歧变为"西学中源"的神话。不错，中国人老早就发明了火药，却只知用它造鞭炮做礼花，洋人却用它制成了战场上无往不胜的利器；中国人老早就发明了精密的罗盘（指南针），却只知用它选墓址卜宅基，洋人却用它航海探险，去认识世界，征服世界。就算中国是"夏"，就算"西学中源"，我们事事不如人，处处受欺侮，光图个空名，除了关起门来聊以自慰，又有什么好显摆的？

第二次鸦片战争后，被动挨打的清王朝其忿在色，其怯在心，外交上执行的是彻头彻尾的"鸵鸟政策"，郭嵩焘曾用十二字加以概括，即"一味蠢"，"一味蛮"，"一味诈"，"一味怕"，因为愚蠢而行蛮，行蛮不逞则使诈，使诈不成则跪地求和。当局"不揣国势，不察敌情"，却妄肇衅端（杀马嘉理、杀外国侨民、杀传教士、杀外国公使），其结果必然是"贻祸天下"。洋务派有求变图强之心，可是舍本逐末，只在"造船制器"上狠下工夫，对僵化偏枯（半身不遂）的政教，对根子上的症结却视而不见，讳疾忌医，不肯或不敢狠下"虎狼药"，痛下手术刀。这样偏瘫着办洋务，虽然办得热热闹闹，又能办出什么惊天动地的业绩来？"知其本而后可以论事之当否,知其末而后可以计利之盈绌"(郭嵩焘语),中国地利尽丰,人才尽足,没有好的政教,纵然具有富强的表象,仍是白搭,何况连这个表象也不具备。洋务派的领袖们对大本大原不敢触及,对政教风俗不敢变更,只在细枝末节上修补点缀,郭嵩焘深感失望,在日记中对他们的批评可谓入木三分,"当国者如醉卧覆舟之中,身已死而魂不悟;忧时者如马行画图之上,势欲往而形不前","弄空枪于烟雾之中,目为之眩,手为之疲,而终一无所见","合肥伯相(李鸿章)及沈幼丹(沈葆桢)、丁禹生(丁日昌)诸公专意考求富强之术,于本源处尚无讨论,是治末而忘其本,穷委而昧其源也;纵然所求之艺能与洋人并驾齐驱,犹末也,况其相去尚不可以道里计乎?"郭嵩焘是怀疑者和独醒者,他已率先从"天朝中心论"的迷梦中破茧而出,手中所缺的只是一帖标本兼治(既能济时又能济世)的"药方"。他在中华古国寻觅多时,一无所获,于是,他将目光投向西方世界。按照传统的夷夏观,这真有点"礼失求诸野"的味道。

身为驻英公使,郭嵩焘有足够的机会近距离考察英国的宪政、商业、科技、教育、学术和风俗人情,真是不看不知道,看了吓一跳。英国之强并非只强在它的船坚炮利上,它的政体——即它的根本——同样勃勃有生机。郭嵩焘在日记中写道：

> 英国之强，始自国朝。……推原其立国本末，所以持久而国势益张者，则在巴力门（议会）议政院有维持国是之义，设买阿尔（市长）治民，有顺从民愿之情。二者相持，是以君与民交相维系，迭盛迭衰，而立国千余年终以不敝。人才学问相承以起，而皆有以自效，此其立国之本也。……中国秦、汉以来二千余年适得其反。能辨此者鲜矣。

> 或为君主，或为民主，或为君民共主之国，其定法、执法、审法之权，分而任之，不责于一身；权不相侵，故其政事纲举目张，粲然可观。催科不由长官，墨吏无所逞其欲；罪名定于乡老，酷吏无所舞其文。人人有自主之权，即人人有自爱之意。

> 圣人治民以德。德有盛衰，天下随之以乱。德者，专于己者也，故其责天下常宽。西洋治民以法。法者，人己兼治也。故推其法以绳之诸国，其责望常迫。其法日修，即中国受患也日棘，殆将有穷于自立之势也。

他认识到，西洋之所以能享国长久，是因为君民兼主国政，使用法治而非德治，因此民气得通，民情得达，民志得伸，民才得展，无抑郁挫伤之弊，对此他不禁感慨系之，"西洋能以一隅之地"为"天地精英所聚"是自有道理的，中国朝野人士若不幡然醒悟，急起直追，革故鼎新，除残去害，则西洋更强，中国更弱，势所必然。"自西洋通商三十余年，乃似以其有道攻中国之无道，故可危矣"，郭嵩焘洞烛幽微，能平心静气地看清这一层利害关系，勇于承认中国之"无道"（政治腐败），寻找病症的内因，这才真正是先知先觉者的独到之见。他主张向西方学习，首先要学习西方实事求是的科学态度，找准自己正确的定位。他认为，世界各国按进化程度可分为三个层次：文明、半开化和野蛮。中国落在第二层次，很难顾盼自雄。为何清朝士绅的自我感觉异常良好？郭嵩焘的答案是："中国人眼孔小，由未见西洋局面，闭门自尊大。"他的话显然是针对国内洋务派领袖们而言的，他们对洋情只知其一不知其二，只知其然不知其所以然，犹如瞎子摸象，盲人扪烛，各得一偏，与实际相去甚远。郭嵩焘对中国浪费人才的现状尤其痛心，"西洋政教、制造无一不出于学。中国收召虚浮不根之子弟，习为诗文之不实之言，高者顽犷，下者倾邪，悉取天下之人才败坏灭裂之，而学校遂至不堪闻问"，而"欧洲各国日趋于富强，推求其源，皆学问考核之功"，因此要挽回一世之心，兴办实学乃是当务之急。可是天朝上国的办事效率实在叫人不敢恭维，郭嵩焘在19世纪70年代中期即有此议，竟拖延到二十年后中国官方才着手创办第一所大学——京师大学堂。难怪郭嵩焘为中国的发展前途开列进度表时悲观中有乐观，乐观中也有悲观，他认为中国至少得用四百八十年的奋斗和努力才可望成为世界上的富强之国：学习西方军事，三十年初见端倪；学习西方的制造工业，五十年稍见成效；兴办学校，一百年方能培养出高端人才；再用一百年荡涤旧习；用一百年砥砺精英；用一百年趋于大成。唯有头脑发热的伟人才会开出远比这更为乐观更为浪漫的进度表，"五年赶英，十年超美"之类。有趣就有趣在，郭嵩焘是一位出了名的急性子，然而这一回他居然变得从容不迫，十分低调，非常有定性，真令人刮目相看。

郭嵩焘办理外交事务，处处不失汉官威仪，觐见英王，不亢不卑，进退合度。同时，他勇于遵守国际惯例，递交照会，均用西历；与洋人打交道，一律行握手礼；听音乐，看曲目单；游甲敦炮台，穿西装；见巴西国主，起立致意；使馆开茶会，让夫人（梁氏）出面接待。郭嵩焘公使通权达变，行事颇为得体，刘锡鸿副使刚愎自负，处处看自己的上司不顺眼，他在寄给清廷的秘密报告中屡屡贬斥郭嵩焘的言行，公然诟骂自己的顶头上司为"汉奸"，似乎只有他才是坚强卫士，能够维护天朝尊严。

郭嵩焘的言行和思想的确不合乎"天朝上国"的规矩尺度，在朝野名士的眼中，他始终是个异端。比如洋务派领袖们忙于造船制器，他却主张正本清源；朝野清流一致主战，他却认为在敌国环伺的危局面前，"无可战之机，无可战之势，直亦无可战之理"，只可随机应付，切忌不顾后果的浪战；洋务派领袖们认为当务之急先要强国，他却认为先要富民；朝野清流一致认为列强亡我之心不死，他却认为洋人以通商为治国之本，意在求利，我们不妨因势利导；洋务派领袖们主张工商业官办，他却主张工商业民营。他对诸多关键问题的看法与各路"神仙"格格不入，大相抵牾（wǔ，逆），得不到朝野各派系的鼎力相助，以至于孤立无援，就毫不奇怪了。

光绪四年（1878），郭嵩焘兼任驻法公使，他基于"公使涉历各国，正当考求其益处"的认识，将自己出国途中备述所见所闻的日记整理成册，名为《使西纪程》，由总理衙门刊行。此书对国外的政治、军事、科教和民俗多有赞语，相比之下，对国人不明外情，视西洋人为夷狄的情形，则多有微词，其中有这样一段话值得留意：

> 以夷狄为大忌，以和为大辱，实自南宋始。西洋立国二千年，政教修明，具有本末，与辽金崛起一时倏盛倏衰，情形绝异。其至中国，唯务通商而已。而窟穴已深，逼处凭陵，智力兼胜，所以应付之方，并不得以和论。无故悬一"和"字以为劫持朝廷之资，哆口结目，以自快其议论，至有谓宁可覆亡国家不可言和者，京师已屡闻此言，诚不意宋明诸儒议论流传为害之烈一至斯也。

可以这么说，郭嵩焘的《使西纪程》惹恼了朝野之间的天朝完美主义者。那些嗅觉灵敏而又"深明大义"的铁笔御史早就看得郭嵩焘鼻歪眼斜，正愁手头没有合适的题材，这下他自动撞进罗网，他们立刻严章弹劾。且不说以"叛臣贼子"的罪名指控他，单是以"有二心于英国"的恶言指责他，郭嵩焘就吃不了得兜着走。清政府勒令将此书毁版，禁止发行。

六年后，淮军大将张树声在两广总督任上病逝，他的遗折中有一段至理精言格外醒目：

……夫西人立国，自有本末，虽礼乐教化远逊中华，然驯致富强，具有体用。育才于学堂，论政于议院，君民一体，上下一心，务实而戒虚，谋定而后动，此其体也；轮船、大炮、洋枪、水雷、铁路、电线、此其用也。中国遗其体而求其用，无论竭蹶步趋，常不相及，就令铁舰成行，铁路四达，果足恃欤！

在这段话中，"育才于学堂，议政于议院"，即办学校开启民智，立议院开创民主，是要点中的要点。我们不知道，张树声是否与郭嵩焘通过声气，有过交流，他们的主张简直如出一辙。张树声选在遗折中进言，就算慈禧生气，也不能怎样了。智者不没善言，不留遗憾，真是了不起。这也说明了一个事实，郭嵩焘并不是一个人在战斗，与他同时期处于同一智识层面的官员、学者固然不多，但也并非绝无仅有，容闳、薛福成、冯桂芬，张树声等人庶几近之。

官场失意

据历史学家蒋廷黻（fú）考证，郭嵩焘做过僧格林沁的秘书，曾建议他的上司不要仇视外国人，应该与对方谈判通商条约，和平与繁荣有赖于对外开放，而不是闭关锁国。这样的见识，当时算是极其超前了。郭嵩焘既知本末又知情势，这样通权达变的人才，李鸿章却批评他"有些呆气"，一向以冰鉴自许的曾国藩也认为郭嵩焘只是"著述之才"，不是"繁剧之才"，即指他干不好实际事务，只能舞文弄墨。归结起来，若说郭嵩焘不会做官，测不准宦海几级强风几级巨浪，这倒是真的。他颇具诗人气质，喜欢危言危行，在"混"字当先、主调为因循苟且的晚清官场上自然处处受到排挤。他一生在宦海浮沉起落，真正拎得起的"风光岁月"屈指可数。1859年，他在诗中喟然感叹道：

人生都是可怜虫，苦把蹉跎笑乃公。
奔走逢迎皆有术，大都如草只随风。

郭嵩焘置身官场，既非满蒙贵族，又不愿削尖脑袋钻营，自然是很难冒顶。他生性戆直，为人爽朗无城府，长于思考，短于行事，的确更像个理论家，不像个实干家。曾国藩知人论世的功夫颇深，始终只将郭嵩焘视为承明著作之才，从未推许他为治世调羹之人，因此当李鸿章在江苏巡抚任上有意起用郭嵩焘时，曾国藩再三写信给弟子，要他多听郭嵩焘的建言，至于实际公务，则尽量少让郭沾边，以免误事。曾国藩的观点也影响到曾纪泽，后者在写给九叔曾国荃的信中，竟以"花拳练步"四字来酷评这位有通家之谊的父执，曾国荃则允为确评，回信说："以'花拳练步'之说喻筠老（郭嵩焘号筠仙），极为有识。筠老之取憎于一世在此，而吾之敬重筠老亦在此。与其交举世诟病筠老之一班朋友，则不若交筠老，以其犹有文字之知识也。"在中国，要成为一位实干家，就必须理顺身边复杂的人际关系，投足无碍，游刃有余，这显然不是郭嵩焘的长项。

同治元年（1862）秋，江苏巡抚李鸿章召郭嵩焘前往任职。郭途经安庆，去湘军大帅帐中拜访了曾国藩，盘桓一月之久，两人相处融洽，无话不谈。临别之际，曾国藩书联一副赠郭嵩焘："好人半自苦中来，莫图便宜；世事多因忙里错，且更从容。"对于这样的箴告，郭嵩焘仍旧知其意而不能行。

同治二年（1863），郭嵩焘得两广总督毛鸿宾举荐，署理广东巡抚。"署理"只是代理，并非实授其职，这就使他多少有点尴尬，少做事吧，尸位素餐，他觉得愧对百姓，多做事吧，容易越权，又会惹恩主毛鸿宾不开心。他依着性子无所顾忌地拿出了当行本色，在广东办厘金，力行劝捐，手段凌厉，由于自信太强，求治过急，好似涸泽而渔，一时间粤商怨声载道，甚至有人作了一副嵌字联咒骂郭嵩焘和毛鸿宾："人肉吃完，唯有虎豹犬羊之廓；地皮刮尽，但余涧溪沼沚之毛。""廓"与"郭"谐音，骂的是郭嵩焘，"毛"则直指毛鸿宾。毛总督见势不妙，处处诿过于郭巡抚。清朝督抚不和是常事，没什么好奇怪的，面子总还要顾全，郭嵩焘却管不住自己那张嘴，在人前放出丑话："曾涤生（曾国藩）保人甚多，唯错保一毛季云（毛鸿宾字季云）。"向自己的朋友和恩主开炮，这违反了官场的游戏规则，曾国藩不高兴了，反唇相讥："毛季云保人亦不少，唯错保一郭筠仙。"此言一出，闻者无不大笑。郭嵩焘在广东当了三年巡抚，用"焦头烂额"四字形容最为恰当。他征收厘捐操之过急，得罪了粤商。他与两广总督不和（毛鸿宾走了，继任者瑞麟也成"苦主"），弄坏了官声。他被太平军余部折腾得够呛，为此对曾国藩、左宗棠二人"驱匪入粤"深感不满，闹翻了交情。此外，郭嵩焘的私德也牵动时议，遭到各方严厉谴责。事由很简单，郭嵩焘违反传统的尊卑礼数，令续弦的正妻、上海太仓名门闺秀钱氏认小服低，屈居于老妾邹氏之下，钱氏受不了这样的折辱，愤而大归（已嫁妇女归母家后不再回夫家）。前庭被淹，再加上后院起火，郭嵩焘想不丢官都不可能。左宗棠不顾亲家翁的情面，一纸弹章（弹劾官员的奏章）将他送回了老家。

郭嵩焘出生于湖南湘阴,祖父是富甲一方的大商人,多财而不吝,"然诺一语,千金不惜"。县令某公借了重金,人死在任上,欠家愿用两位漂亮的丫环抵债,郭嵩焘的祖父烧掉借据,一笑置之。他还爱好诗文,闲暇时以吟咏为乐。应该说,这种豪迈家风和诗书气息对郭嵩焘的影响很大,因此他并不像一般读书人那样轻视"商贾末业"。郭嵩焘十七岁入岳麓书院就读,十八岁与曾国藩、刘蓉义结金兰,十九岁中举人,三十岁中进士,点翰林,与李鸿章、沈葆桢是会试同年。他有两个弟弟郭崑焘和郭崙焘,都是湘军大体系中极有才干的角色,合在一起号称"湘阴三郭"。对他们三兄弟,曾国藩有一个堪称公允的评价:"论学一二三,论才三二一。"意思是,在三兄弟中,大哥郭嵩焘的学问最好,小弟郭崙焘的才干最高。

先知者必致疑,先行者必致谤

郭嵩焘一生最得意之处,既不是三年使西,也不是三年抚粤,而是他凭三寸不烂之舌说动了居丧的曾国藩墨绖(mòdié,古代丧服上的黑色麻带子)从戎,说动了大傲哥左宗棠欣然出山，说动了负气而走的李鸿章重返曾氏幕府。他在《玉池老人自叙》中曾颇为得意地说："其出任将相，一由嵩焘为之枢纽，亦一奇也。"当年，曾国藩居母丧，咸丰皇帝敕令他在湘省主办团练，他为了表明自己尽孝的决心，写好奏章，恳请终制（守墓三年），准备让湖南巡抚张亮基代为呈递，奏章正在誊抄，还未送出，已是夜半时分，恰巧郭嵩焘来到湘乡荷叶塘曾国藩家致唁。宾主坐定后，谈及此节，郭嵩焘力劝曾国藩接下千斤重担。他说："您素有澄清天下的大志，现在机会来了，千万不可错过。况且戴孝从戎，古已有之。"曾国藩的思想工作可没那么容易做通，郭嵩焘又将"力保桑梓"的大义跟曾国藩的父亲说了，然后由后者出面晓之以理，动之以情。君命可抗，父命难违，曾国藩这才硬着头皮应承下来，赴省城去尝试一项自己先前做梦都未曾想到过的艰难事业。其后，这位湘军大帅历尽千难万险，成为"中兴第一名臣"，郭嵩焘当年苦口婆心的敦劝之功自然不可抹杀。左宗棠一向以"今亮"（当今的诸葛亮）自居，可他多年受困于科举考场，三次进京会试，均铩（shā，伤残）羽而归，他一向恃才傲物，胡林翼不遗余力地保荐他，他总是婉言谢绝。郭嵩焘出于同乡之谊，当面向他陈说利害，"贤者不出，其奈天下苍生何"，左宗棠被其至诚感动，于是告别隐居生活，走马上任，先辅佐湖南巡抚张亮基，后辅佐湖南巡抚骆秉章，最终出将入相，只可惜这两位好友加亲家，后来因为政见不合而反目成仇。李鸿章与郭嵩焘都是丁未（1847）科的进士，这层同年关系在科举时代是非比寻常的，李鸿章一度与恩师曾国藩意见不合，赌气离开大帅府，前程顿时趋于黯淡，正是郭嵩焘劝他及早回头，才有了曾国藩保举李鸿章为江苏巡抚的下文，也才有了往后李鸿章飞黄腾达的好戏。

湘军的最终取胜，很大程度上得益于后防稳固，粮饷充足。郭嵩焘曾不无自豪地说，"湖南筹饷，一皆发端自鄙人"，虽说在官民交困的情势下征厘金（征商业税）不是他的发明，但他有宣传推广之功，为此他曾戏称自己是个"化缘和尚"。此外，郭嵩焘还创议兴办湘军水师，使湘军水陆并进，两翼齐飞，实力大大增强。

然而，不管郭嵩焘早年对湘军作出过多大的贡献，也不管他对曾国藩、左宗棠、李鸿章的功业有多大帮助，就因为他出使英、法三年，对西方文明赞不绝口，主张开眼看世界，虚心向西方学习，尤其要学习西方政教方面的可取之处，便遭致国内顽固分子和保守势力的口诛笔伐，种种苛责、痛贬和狂吠都齐刷刷地瞄准他。连一向开明的文坛领袖王闿运也认为郭嵩焘不可救药，说他"殆已中洋毒，无可采者"。两江总督刘坤一（湖南新宁人）曾称赞郭嵩焘"周知中外之情，曲达经权之道，识精力卓，迥出寻常"，后来也改变看法，在致左宗棠的信中口吻大变，对罢使归来的郭嵩焘出言不逊："筠仙首参岑彦卿（岑毓英字彦卿）宫保，以循英使之意，内外均不以为然。此公行将引退，未审何面目以归湖南。"算是被他言中了，郭嵩焘回归故里湘阴，长沙、善化两县以"轮船不宜至省河（湘江）"为由，迫使他改行陆路。省城士绅在街头贴出大字报，直斥他勾通洋人，是卖国贼。普通官员见到他也神情冰冷，侧目而视，不加理睬。

世事难料，人情莫测，像郭嵩焘这样一位"见利不趋，见难不避"（僧格林沁语）、"拼了声名，替国家办事"（曾纪泽语）的人却遭到"深明事理"的士大夫如此之大的误解和如此之多的攻击，一时间，"骂名穷极九洲四海"。对此，郭嵩焘蔑然视之，重压和积毁之下，他并不打算改弦易辙，重新做人。他始终坚信自己所践履、所主张的一切都是以先知觉后知，以先觉觉后觉，虽被世人误解和攻讦，却经得起时间的考验和历史的推敲。他曾在致友人书信中表明了自己不以世间毁誉为进退的心迹："谤毁遍天下，而吾心泰然。自谓考诸三王而不谬，俟诸百世圣人而不惑，于悠悠之毁誉何有哉!"他还在诗中唱出强音:"流传万代千龄后,定识人间有此人。"如同一支响箭,他将自己的大自信射向遥远的时空。后来,维新派的杰出代表谭嗣同果然挺身而出,为郭嵩焘鸣不平,并向他致敬:"中国沿元、明之制,号十八行省,而湖南独以疾恶洋务名于地球。……然闻世之称精解洋务,又必曰湘阴郭筠仙(嵩焘)侍郎,湘乡曾劼刚(纪泽)侍郎,虽西国亦云然。两侍郎可为湖南光矣。"维新派的另一位杰出代表梁启超称赞郭嵩焘是"最了解西学的人"。

郭嵩焘与李鸿章终生交好,但他对后者办理洋务方面的关键性失策(偏重军事而忽略政教)多有批评,"观其勤勤之意,是为能留意富强者,而要之皆末也,无当于本计",还说李鸿章"考求西洋军火,可云精博。……惜其徒能考求洋人末务而忘其本也"。反过来,李鸿章倒是真心推许郭嵩焘为中国精通洋务的第一流人才,他在致友人的书信中称郭嵩焘"虽有呆气,而洋务确有见地","所论利害,皆洞入精微,事后无不征验"。

郭嵩焘晚年处境如何?他曾以文字这样形容:"臣以庸愚,奉使无状,万口交谪(zhé,责备),无地自容,积年以来,心气消耗,疾病日增,里居窘岁,足迹未尝一出门户。"然而一旦朝廷需要他就钦差大臣崇厚有辱使命,签订丧权太夥（huǒ，多）、辱国太甚的《里瓦吉亚条约》上疏进言，他就略无迟疑，洋洋洒洒提出六点宝贵的建议，对此后曾纪泽与俄方改签条约有明确的指导意义。特别可贵的是，他保持理性，在三千多字的疏言中多次提到万国公约，反复提醒朝廷要遵照国际公法办理外交，不可衅自我开。郭嵩焘对崇厚知根知底，崇厚无知、颟顸而又刚愎自用，尽管他把这次交涉办得彻底砸锅了，但按照国际通例，朝廷只宜薄惩，不宜严治，否则俄国人就会以此为口实，大动干戈。郭嵩焘痛切地指出："国家用兵三十年，财殚民穷，情见势绌，较道光、咸丰时，气象又当远逊。……窃以为国家办理洋务，当以了事为义，不当以生衅构兵为名。名之所趋，积重难返。"此疏呈上后，他总算得到了"郭嵩焘所奏，不为无见"的谕旨肯定，内心稍感欣慰。

光绪十七年（1891），郭嵩焘病逝。他若多活三年，中日甲午海战北洋舰队灰飞烟灭将证明他早先的预见（舍政教之本逐船炮之末不能使国家强大）是正确的；他若多活九年，庚子之乱也将证明他早先的预见（士大夫为求攘外的美名而轻举妄动，必定害苦中央政府）是正确的。预见变成了现实，他又该作何感想？郭嵩焘去世后，李鸿章为他上奏学行政绩，援例请宣付国史馆立传，礼部赐谥，奏折中说：

（郭嵩焘）生平于洋务最为究心，所论利害，皆洞入精微，事后无不征验。前后条列各件，外廷多不尽知。病归后，每与臣书，言及中外交涉各端，反复周详，深虑长言，若忧在己。迄今展阅，敬其忠爱之诚，老而弥笃，且深叹不竟其用为可惜也。

可是李鸿章得到的答复却是冷冰冰的："郭嵩焘出使西洋，所著书颇滋物议。所请着不准行。"辛丑年（1901）间，朝廷中某些"义愤填膺"的官员大发病狂，竟要将八国联军入京的那笔坏账烂账算在墓木已拱的前驻英公使头上，郎中左绍佐尤为激进，他坚请朝廷下令夷平郭嵩焘、丁日昌的墓庐而戮其尸，以此谢天下。这些家伙的眼力太差，情急之下连扛罪顶缸的对象都找错了。所幸公道自在人心，几句"圣裁"并不能抹杀一切，蠢货的痛斥狂贬也注销不了郭嵩焘的思想光芒。与朝廷的无情无知相反，湘籍大学问家王先谦为郭嵩焘撰写的墓志铭对其一生功德作出了高度评价，也许能算得上是盖棺论定：

利在国家，岂图其私！……皦（jiǎo，亮洁，清白）

尔风节，百世之师。文章满家，鸾凤其仪。谤与身灭，积久弥辉！

这段话的意思是："只要对国家有利，哪里还谋求个人的好处！……你的高风亮节，堪称百代师表。家里满是文章，贤人俊士都为之心仪。诽谤与身俱灭，你的功德名誉越久越光辉！"

我们观察历史，反顾来路，称郭嵩焘是中国19世纪末维新派的先声，是20世纪上半叶"全盘西化论"的嚆矢（hāoshǐ，响箭），当不为错。他痛恨反手关家门，力主开眼看世界，早已被证实是明智之见和明智之举。他是超越时代的先行者，生前没有知音，没有同道，内心寂寞如沙。郭嵩焘主张学习西方的蓝调文明，面对重重阻力，真可谓是"雪拥蓝关马不前"，他叹息过，苦恼过，却从未绝望过，内心始终抱持沉重的乐观，他相信未来。事实证明，他是对的。

如今，郭嵩焘的在天之灵已不再孤独寂寞，中国早已加入了世界贸易组织，诚心诚意向西方学习的人越来越多。若请求郭嵩焘给我们一句赠言，他会说什么呢？他或许会说：

"学习西方的政教仍永无止境。"

或许，就只有这简明扼要的一句话吧。

李鸿章

裱糊匠演独角戏

清朝末叶的政坛,真正能唱压轴戏的,李鸿章一人而已。

清朝末叶的政坛，真正能唱压轴戏的，李鸿章一人而已。完全可以这样说，如果没有李鸿章在外交上折冲樽俎，弥缝补罅，清王朝割让的土地、赔付的白银、丧失的主权必定要多出条约上的数倍。值彼风雨飘摇的绝望时期，纵然诸葛亮转世，也会智穷力竭，无所措手足。火烧屁股数十年，李鸿章硬是苦苦地撑持过来，直撑到"世人皆曰杀"（义和团发誓要杀尽"一龙二虎十三羊"，李鸿章的名字即赫然在列，是"二虎"之一）的地步，他仍旧不当溃阵逃兵，不做伴食宰相，单是这份无人能出其右的勇气和倔劲，就令人刮目相看。

光绪二十年（1894），中日甲午海战，大清帝国的海上雄师（北洋舰队）全军覆没。一时间，民愤如潮，丧师辱国之罪该由谁扛在肩上？那对深居九重的孤儿寡母能躲多远躲多远，奇祸由主战派引致，却要由主和派李鸿章顶缸，纵有百口，他也莫辩一词。若非恭亲王居间维护，慈禧太后害怕引火烧身（路人皆知，她挪用了北洋海军的军费）而多方保全，就算李鸿章有化千化万的本事，也死无完尸了。

其时，恰逢著名的昆剧丑角杨三病逝，便有人巧借题材，挖空心思，撰成一副无情对，把李鸿章捎带进去骂了个一佛出世，二佛生天：

> 杨三已死无昆丑；
> 李二先生是汉奸。

这副联语对仗精切，经众口宣传，流播广远，大家都觉得既解气，又解恨。一副对联即坐实李鸿章为"汉奸"坯子，三人成虎，众口铄金，谁能应付得了？与此相对照的是，御史梁鼎芬因参劾李鸿章而革职，"同年故旧皆以为荣，演剧开筵，公饯其行，至比之杨忠愍之参严嵩"。严嵩是明朝的大奸臣，杨涟（谥忠愍）则是大忠臣，如此类比，可见当年舆论之汹汹。御史安维峻参劾李鸿章，可谓火力全开："当倭贼犯顺，自恐寄顿倭国之私财付之东流，其不欲战，固系隐情。及诏旨严切，一意主战，大拂李鸿章之心，于是倒行逆施，接济倭贼煤米军火，日夜望倭贼之来，以实其言，而对于我军前敌粮饷火器，则有意勒扣之。有言战者，动遭呵斥，闻败则喜，闻胜则怒。……李经方乃倭贼之婿，以张邦昌自命。"意思是：当日军侵犯抚顺时，李鸿章担心自己寄存在日本的财产付之东流，他不想开战是因为私心作祟。……李鸿章的儿子李经方是日本人的女婿，竟以张邦昌（北宋失国后，被金人立为形同傀儡的"大楚皇帝"）自命。安维峻提出清议派的主张，要朝廷斩李鸿章之首以谢天下。值得一提的是，安维峻是社会舆论公认的君子而非小人，这位铁项御史对于慈禧太后归政后仍加牵制、大内总管李莲英干预政事也敢严词切责，侃侃正论，置生死于度外，正是这种宁鸣而死、不默而生的勇士精神使他博得了忠义之名，获罪遣戍之日，竟有人赠他车马糇（hóu，干粮）粮，沿途照顾。至于小人刘锡鸿的攻讦之词"跋扈不臣，俨然帝制"，则是将李鸿章诬为僭主，其荒诞不经，伊于胡底。当年，李鸿章为清议所不容，其亲友不被骂为"汉奸"，就被骂为"吃教"（洋教徒）。众口铄金，积毁销骨，李鸿章要有多大的定力才能抗此滔天海啸的击打？吴汝纶撰李鸿章神道碑，铭词曰："以舌烧城，以国倾公。"那种围攻无所不用其极，"核爆"威力之大能够穷尽常人的想象。

钟叔河先生在《李鸿章和中俄密约》一文中有个持平之论："将李鸿章和戏子杨三相提并论，虽然有点'不伦'，至少反映了人民的某种情绪；至于因为他和外国人交际，就斥之为'汉奸',则太不公道了。"

在五百年未有之变局中擎大旗的人,在数千年长存之染缸中唱大戏的人,李鸿章身上所集合的各种复杂性、矛盾性、变异性的峰值都很难测准,倘若简单地使用正与邪、忠与奸、好与坏、善与恶、自由与保守、进步与反动、可爱与可憎、救国与卖国的标尺去衡量,就会差之毫厘,谬以千里。应该说,即使时隔一百多年,我们要论定李鸿章的功过得失仍非易事,更客观地论列其言行事实,才是我们要做的最基础的研究工作。

李鸿章去世不久,梁启超即撰写《李鸿章》一书,为传主大作申冤之词,多有解围之语。梁启超认为:作史,首当以公平心行之,如若不然,厚诬先人,又岂止灾梨祸枣这么简单?"誉满天下,未必不为乡愿;谤满天下,未必不为伟人",如此燃犀列炬的史识真不是那些仅仅瞟上两眼皮相就妄作褒贬的庸流所及。不愿人云亦云与俗见相唱和的书生,只要多一点另类阅读,多一点独立思考,就会惊奇地发现,李鸿章既曾被美国前总统格兰特称赞为他所遇到过的"四位伟人中的第一位",被日本前首相伊藤博文评论为"知西来大势,识外国文明,想效法自强,有卓越的眼光和敏捷的手腕",被《清史稿》定性为"以天下为己任,忍辱负重"的"社稷之臣"，也曾被死对头左宗棠骂成"误尽苍生"，当众鄙视，被铁笔御史安维峻斥为"奸臣"，冒死弹劾。李鸿章无疑是中国近代史上争议最大的人物，比他的恩师曾国藩还要有过之而无不及。

曾李一家

曾国藩与李鸿章的父亲李文安是进士同年。李氏兄弟一早就拜在曾氏门下，彼此情同师徒。曾国藩谢世后，李鸿章于书翰中屡发悲声，但他的分寸把握得恰到好处，在致曾纪泽、曾纪鸿的信中他写道："鄙意方拟作疏表扬，继见谕旨大致周洽，四海公论在人，九重自为知己，似无烦赘言矣。"当时，从湘军、淮军出身的汉人做到封疆大吏的很多，清廷颇为忌惮。李鸿章之所以默无一词，不再弄出为曾家乞求恩赏的动静，就因为他担心慈禧太后以党援见疑。对此，王闿运也向曾纪泽表达过自己的担心。

李鸿章的挽联倒是很高调，一度引起曾氏门人的普遍反感。李鸿章这个毛病没办法改了，或许他压根就没打算要改正它。在官场历练多年，他跨过了一道又一道深沟高坎，也遭到过不少挫折，但个性所致，放低身架他不会，突出自我

他最能。且看这副引发争议的挽联:

师事近三十年,薪尽火传,筑室忝为门生长;
威名震九万里,内安外攘,旷代难逢天下才。

李鸿章自诩为"薪尽火传"的"门生长",这种舍我其谁的自我标榜抢尽风头,有人为此拉长马脸,锁紧剑眉,认为他巧借题目为自己脸上贴金。曾老师尸骨未寒,你李同学就急着抢班接位做老大,这像话吗?再说,你李二究竟凭什么接任"掌门人"?单凭你官儿大?曾门弟子俞樾、薛福成,学问好,心气极高,能认矮服低吗?他们明争暗斗,争的只是虚名,斗的全是闲气。其实,就算李鸿章肯认第二,也没谁敢居第一,连李瀚章都难为其兄,何况他人。薛福成后来选辑挽师联,载于《庸庵笔记》,将李鸿章的作品弃若敝屣,皮袍子里就露出了他的"小"。

李鸿章二十二岁中举,二十五岁以殿试二甲第三十九名进士,改庶吉士,授编修,仕途一开始就平坦如砥。他曾说:"吾愿得玻璃大厅事七间,明窗四启,治事其中。"这是封疆大吏才有的特殊待遇,李鸿章立此宏愿,并非大言欺世。

丈夫只手把吴钩，意气高于百丈楼。
一万年来谁著史？三千里外欲封侯。
定须捷足随途骥，哪有闲情逐野鸥？
笑指卢沟桥畔月，有人从此到瀛洲。

这首七律是李鸿章三十岁之前所作，预示了他将要投笔从戎，以卓著的战功受封万户侯。咸丰三年（1853）春，李鸿章应安徽团练大臣吕贤基之邀，入其营幕，参赞军事，成功地实现了书生领兵的角色转型。六年后，他拜访曾国藩的江西大营，住了一个月，始终不见恩师有何差遣，于是他委托同年陈鼐去探河风。曾国藩对陈鼐说："少荃是翰林，志大才高，这里局面狭窄，恐怕像他这样的艨艟巨舰不是潺潺浅濑所能容纳的。"陈鼐回答道："少荃多经磨折，已经远不是前些年那样意气用事了，老师何不试一试他的身手？"曾国藩点头同意。李鸿章便成了湘军统帅曾国藩的幕僚，充任首席文案。曾国藩和胡林翼都激赏李鸿章的堂堂仪表和槃槃（pánpán，大）才干，他们一致认定他是一员顶呱呱的帅才，必定能够建立奇勋，匡救乱世。

高起点，强身段，好平台，是一个人获得巨大成功的优越条件。李鸿章就是这样的幸运儿，但在他的成功路上也并非全无波折。

咸丰六年（1856），湘军将领李元度不听帅府节制，擅自出城迎战太平军，一战而溃，徽州易手，他却拍屁股一走了之。军中有高人作嵌尾联讽刺李元度：上联是"士不忘丧其元"，下联是"公胡为改其度"，横批是"路边苦李"。湘军大本营受困于安徽祁门，形势孤危，曾国藩的日子过得相当艰窘。此时吃这种极窝囊的败仗，无异于雪上加霜。震怒之下，曾国藩决定劾罢李元度。李鸿章则认为胜败乃兵家常事，眼下士气低迷，军心涣散，对于战败失利的将领，大本营应该特加原宥（yòu，宽恕），不宜重罚。师徒二人各执一端，意见相左，李鸿章不免有点负气地说："您一定要撤李元度的军职，门生不敢拟稿。"所谓"不敢"，说白了就是"不愿"。曾国藩一贯言出如矢，谋定不夺，他也没二话好讲，只冷冰冰地还回去一句："这事你就不用操心了，奏稿我自己来拟。"当时，双方怄气斗气的情形要多尴尬就有多尴尬。若换了别人，拐个弯，打个圆场，何至于弄成僵局？可李鸿章"生平不惯作伪人"，他硬着头皮，拗着吃奶的劲头，专往死胡同里钻。这话一说出口，就没了回旋余地："既然这样，请恕弟子辞职，不能留下来侍候老师了。"曾国藩正在气头上，立刻丢下硬邦邦的四个字："听君之便！"《欧阳兆熊笔记》

特意记录了事后曾国藩的原声感叹:"此君难与共患难耳!"他一时恼怒,未免言重了些许。师生意见偶有不合,闹个别扭,没什么大不了的。

曾国藩第二次劾罢重获起用的李元度,御史追论前罪,左宗棠也表态赞同,因此李元度受到的处分极重,竟是"奉旨发往军台效力赎罪"。李鸿章对老友仍然不离不弃,为此他再施援手,联合江西巡抚沈葆桢合奏,为李元度缓颊乞恩,这才使后者以革职了事。李鸿章主稿的奏章中有这样一段话:"李元度后此虽有可议之罪,前此究有不可掩之功,且系节母孤子,在平民例得留养,况其曾为国家出力之人。夫通下情,宣上德,人臣之职也。以人事君之义,臣等虽至愚陋,不敢忘也。拘嫌疑之小节,置是非之大公,或窃窃叹息,相顾而不发一言,又臣等所不敢出也。"李鸿章重袍泽之谊,于大是大非不苟同,甚至能做到"吾爱吾师,吾更爱真理"的程度,实属不易。曾国藩目光犀利,心胸开阔,别具鉴人识人的智慧,对李鸿章的这一优点看得相当分明,心底也是暗暗激赏的。后来,李鸿章为留用部将黄翼升,再次与曾国藩频繁拉锯,他持理而自信,就是在恩师面前,也不肯退让半步,所幸曾老师度量如海大,心下倒也没存丝毫芥蒂。

不少名士聚集在曾国藩的幕府中谈龙刻凤,个个口若悬河,滔滔不绝,然而临到大是大非,只有李鸿章一人敢押上个人前途这样大的赌注去跟曾老师据理力争,曾国藩欣赏的就是这种独立不惧的刚性人格。同治元年(1862),曾国藩决定在幕府中选拔贤俊,保举一人为江苏巡抚。李鸿章闻讯,竟不避嫌疑,自告奋勇,挺身出列,表态"愿为老师分忧"。李鸿章毛遂自荐,被那些畏畏缩缩的儒生怀疑为动机不纯,他们的诛心之论貌似高明:"李少荃分忧是假,谋官是实。"殊不知,曾国藩堪称冰鉴,相人很少走眼,他看中李鸿章勇于任事、气性刚强、多谋善断这三条,认定他"劲气内敛,才大心细"。倘若李鸿章徒有尖笋脑袋而无扎实功夫,曾师傅才不会冒极大风险保荐他去主持关系东南全局安危的江苏军政。须知,苏州是太平天国忠王李秀成的老巢,这个马蜂窝可不是绵软竹竿能够捅得翻的,只有独当一面的帅才方足以膺此重任。在收复苏州城后,李鸿章当机立断,借宴会之便,让大将程学启杀掉八位已经签订城下之盟的太平天国降王,尽管他背信弃义,与常胜军统领戈登(谈判时,戈登出面担保八位降王性命无忧)险些闹翻了脸,但被曾老师赞为"眼明手快",认为他处理得当,这种东方式的冷血大义是完全必要的(戈登对此根本无法理解)。曾国藩押重注于上等良马李鸿章,两次都赢得头彩和满堂红,你就不能不承认,他得自伯乐真传的"相马功夫"确实不俗。

欧阳兆熊在曾大帅跟前不止一次为李鸿章游说。他屈指点数大帅府的人才,唯有李鸿章超轶无双,湘军将领暮气渐重,由于功业圆满,趋于守成,说是保命也对,此时调用更具朝气和锐气的李鸿章,必可克服江苏全境。这番游说显然坚定了曾国藩的决心。日后,李鸿章在上海致书欧阳兆熊,写了一句俏皮话:

> 吾在此以独角戏登台,深惧贻羞知己,亦日怨及良媒,亦深悉区区推毂(gǔ,车轮)之意也已。

意思是:"我在上海唱独角戏,很怕使知己(指欧阳兆熊)蒙羞,也天天怨及你这位好媒人,将我推到火坑边缘,当然也很明白你大力推动我举荐我的美意。"李鸿章称赞欧阳兆熊为"知己"和"良媒",巧用一个"怨"字,实为感恩戴德的正话反说。独角戏不好唱,可是李鸿章还要在台上包打包唱了三十多年(除开赋闲的那两年多),真够他忙个陀螺直转了。

李鸿章练成淮军,遵从曾国藩的命令,出兵上海,这步棋最为高明,也最具效用,他获得了更核心的地盘、更先进的装备和更雄厚的财力,自然也就获得了更充分的发展机会。淮军初至沪上,衣装朴陋,被洋人嘲笑为"乞丐军"。李鸿章说:"军贵能战,非徒饰观美。迨吾一试,笑未晚也。"几仗打下来,洋人认识到淮军确实骁勇善战,也就刮目相看,为之悦服了。

李鸿章为曾老师分忧,关键出力在剿捻时。起初,曾国藩连吃败仗,战局陷入僵持,好在他早有"办大事者,以多选替手为第一义"的先见之明,及时抽身而退,极力推举门下大弟子出来代替自己全权主持北方军事。李鸿章也真够争气的,用铁嘴铜牙啃掉了捻军这块丝毫不逊于太平军的硬骨头,为曾老师解了愧,挣了脸。当年,李同学平乱功成,大家都到曾老师府上去道喜。曾国藩致书李鸿章,笔欢墨舞地说:"协揆(kuí,总揽政务的人)酬庸之命,恰如人人意中所欲出。此间朋好,多以李府之登庸,为曾氏之大庆,纷纷来贺,斯亦一时之佳话也。"赞赏与欣慰之意溢于言表。当初,曾老师预言这位大弟子"将来建树非凡,或竟青出于蓝,亦未可知",这才几年光景,就兑了现,成了真,由"未可知"变为了已知,想必其成就感非比寻常。

人才链环环相扣,谋国而忠的人往往能出以唯贤是举的公心,摒除任人唯亲的私念,时时留意人才的选拔,不使高明之士沉沦下僚。曾国藩之后,在晚清政治舞台上,头号主角无疑是李鸿章。这对师徒想千方设万计修补清王朝那艘江心的漏船，使之续航了一段不短的距离。然而救急于汪洋之中，进退无岸，终于计穷力绌（chù，不足），在他们身后触礁而沉，天意如此，人谋何及！

合肥与常熟

在中国近代史上，有一个人的出镜率很高，他的清望一时无几，状元宰相，两朝帝师，而且对外主战，这位光彩熠熠的角色就是翁同龢。

李鸿章祖籍安徽合肥，翁同龢祖籍江苏常熟，两人互不买账是公开的秘密，用万能胶都很难黏合到一起。可是有促狭鬼偏要将他们牢牢地捆缚成团，用谑而虐的对联加以讽刺，以发泄对当政权贵的不满。联语中揉入了两人的籍贯和官职，可谓妙想天成：

宰相合肥天下瘦；
司农常熟世间荒。

李鸿章做过军机大臣，官职相当于古代的宰相。翁同龢做过户部尚书，官职相当于古代的司农。作者不偏不倚，一人脸颊一记耳光，差不多就是骂这两位宰辅大臣尸位素餐，祸国殃民，巴掌势大力沉，真能扇得他们眼冒金星。

"无论何等公正人物，一入仕途，即有过疵可指"，梁启超的这句话算是说到位了。最好的例子是德国铁血宰相俾斯麦。普法战争结束后，和议达成，普鲁士人贪得无厌，犹嫌从邻国获利不够多，纷纷集矢攻击主政的俾斯麦，竟有骂他不学无术的。俾斯麦怒了，他说："我尚未出山的时候，人人都称赞我有学识，有经济头脑，有道德；等我出山后，那些原先对我赞不绝口的人却异口同声地骂我不学无术，这太过分了，掌权执政也实在太困难了。尽管如此，我秉持公正良心，努力前行，为毁为誉，又谁计及。"就算天天挨骂，俾斯麦的处境还是要远远好过李鸿章。

李鸿章不尚奢华，生活简朴，但是他拥有的财富总量极其惊人，不少同时代人都将他与乾隆朝的首贪和首富和珅相提并论，在"榨取财富"的技巧方面，两人的"艺术手法"不相上下，都达到了罕见的完美程度。就结局而言，李鸿章备极哀荣，则远胜和珅万倍。专制国家迥异于民主国家，由于财务状况极不透明，官僚贪污便成为无药可医的政治痼疾，读书人以升官发财为终极理想，立德、立功、立言多半只是漂亮的幌子,位极人臣即意味着富可敌国,这才是谎言背面的真实。位极人臣者若不肯求田问舍,聚敛财富,就会被独裁专制的帝王猜疑为另有图谋,很可能招致杀身之祸。李鸿章担任封疆大吏三十余年,单是直隶总督就做了二十多年,纵然积累了数以千万计的财富,也不算太过分。真正有些"过分"的是,在他的周围聚集了一大批亲戚、亲信、安徽老乡,这些人为发财而来,以李鸿章管辖的陆军和海军为摇钱树,最终使陆军、海军的许多部门效率低下,变成了十足的老鼠窝。在滥用权力的贪婪者中,李鸿章的女婿张佩纶最无耻,被称为"捞钱冠军"。李鸿章的几个儿子也没有一个是省油的灯,他的兄长李瀚章贵为封疆大吏,却是个人尽皆知的欲壑难填的"无底洞"。李鸿章是腐败的知情者和容忍者,腐败的痈疽从他身上扩散到其周围的每一个部门和每一个人,他是有责任心的,而那些附骨之蛆则毫无责任心可言。他们为了钱无所不为,甚至向日本军方出卖北洋水师的情报,在炮筒里装填沙子,将从荷兰进口的阿姆斯特朗重炮拆零变卖,购买国外过时的武器拿回扣。有道是"鱼从头烂起",李鸿章贪财,竟有他不得不贪的苦衷,为了寻求更严密的保护,免遭政敌的毒镖暗箭杀伤,他必须破财消灾,既要孝敬皇上和皇太后,还要在宦官、王公、大臣之间大打"出"

字，花销数额惊人的黄金白银，一则结欢，二则化怨。即使官高一品，位极人臣，李鸿章也得用钱去叫鬼推磨，晚清官场上上下下贪污成风，政以贿成，由此可见一斑。

李鸿章统领淮军时，一度以"不爱钱，不怕死"为个人信条，经常骑马到前线视察，不避飞矢流弹。实际上，李鸿章以贪财好货著称，只不过他任用头脑精明的盛宣怀为其商业代表和经纪人，无须事事出面，这位"老狐狸"的手法相当隐蔽。当年，李氏家族在国内多地以"药用目的"为幌子大量种植和销售鸦片，由此获得高额的垄断利润，乃是中外皆知的秘密。李鸿章对于部将的贪鄙纵欲很少管束，甚至不无纵容，淮军的军纪十分糟糕，屡遭言路谴责。李鸿章固执地认为，在流血漂橹的沙场上，勇夫拼命杀敌总归要有个实实在在的念想去顽强支撑才行，他若喜爱黄金白银，你却阻断他的财路，他还会舍身卖力吗？他若喜欢美女娇娃，你却阻隔他的欲望，他还会赴汤蹈火吗？淮军纪律差，战斗力却不弱，大将郭松林贪赃好利，却骁勇无比，居然破掉了"贪将必怯"的成说。

翁同龢与李鸿章结怨，说来话长。江南"抗洪抢险"的紧要关头，翁同龢的哥哥翁同书任安徽巡抚，竟两次弃城逃遁，枉杀寿州团练领袖徐立壮、孙家泰等多人，以取媚反复无常的凶残军阀苗沛霖，甚至违背良知，具奏力表苗沛霖的忠义，造成了极为恶劣的社会影响。李鸿章遵从曾老师的指示，依其"辣"字诀，狠狠地参劾了翁同书一本，词气十分峻厉："臣职分所在，例应纠参，不敢因翁同书之门第鼎盛，瞻顾迁就。"寥寥数语即可令那些想袒护翁同书的朝臣噤声夺气，帝师翁心存也不敢出面为儿子向太后请托了。在弹章中，曾国藩还怒斥翁同书"颠倒是非，荧惑圣听，败坏纲纪"。翁同书最终被定刑为斩监候（死缓），离鬼门关只差半步。你说，李鸿章与翁同龢结下了这道梁子，彼此还能够一笑泯恩仇吗？

除此之外，还有一个原因。李鸿章攻克苏州后，李秀成的忠王府中有一块大牌坊，上面刊刻颂词，列名的众士绅中有翁同龢、潘祖荫等苏籍权贵，李鸿章认为他们有附逆的嫌疑，证据确凿，便派兵把守牌坊，不让拆除。后来，李鸿章查明，本地小绅立此牌坊，假借大绅之名，是为了取媚李秀成，翁、潘等人并不知情，与此事毫无瓜葛。但经过这样一番折腾，翁同龢就认为李鸿章是故意借题发挥，陷他于不忠不义的污浊境地，心里那个死疙瘩自然更加沉实了。

翁同龢长年出入宫廷，未去基层锻炼过一天半日，总体而言，只是个从书本到书本的书呆子。他看不惯李鸿章"和为贵"的保留剧目，决意要换一换新鲜名堂，"主战"无疑是最顺手的题材。他居高声自远，撒开喉咙叫一叫，在朝野间就能唤起广泛的同情，还能收获"宦海清流"的盛誉，直把李鸿章比得鼻子也歪了，眼睛也斜了，横竖不是人。于公于私，翁同龢都吃定了李鸿章的"豆腐"，他好不惬意。可是论到谋国而忠，无论才分还是见识，他都比李鸿章差得太远，根本不在一个档次上。李鸿章师承曾国藩的衣钵，多年主张"自强"，他紧抓洋务，创建北洋水师，无不体现了这种意图。后来，他还赞成康有为变法，同意将安徽会馆的几间房子借给康有为创办维新派的核心组织强学会，可他万万没有料想到，他赞助三千两白银入会费，却遭到狂妄狭隘、领袖欲极强的康有为断然拒绝。彼时，正逢李鸿章奉命出访欧美，行前，他得悉自己的美意遭到康有为的践踏，冷笑说："若辈与我过不去，我归，看他们还做得成官否！"这句牢骚虚实如何？今天倒是很难考证了。百日维新失败后，李鸿章被人诬陷为"康党"，慈禧太后拿着一大叠言词激烈的弹章给他看，李鸿章竟能直言："臣实是康党。废立之事，臣不与闻。六部诚可废，若旧法能富强，中国之强久矣，何待今日？主张变法者即指为康党，臣无可逃，实是康党！"他的这席硬话把慈禧太后噎得够呛，也只有他能够在老佛爷面前如此放肆。此外,百日维新失败后,朝廷下令要两广总督李鸿章捣毁康有为的祖坟,李鸿章却并没有奉旨而行,也没有杀害任何一位维新人士。倘若慈禧太后知道,李鸿章曾先后三次托伊藤博文带口信给流亡东瀛的梁启超,嘱咐他精研西学,为国珍重,梁启超回信表示感激,称李鸿章为"维新之同志",又该作何感想?

李鸿章是一位真正的实干家,他深知中国的弊政积重难返,要自强,必须假以时日,培元固本,丝毫冲动不得,对于虚弱的"病体",除非万不得已,不可猛下"虎狼药"。他曾说:"中国有贝之财,无贝之才,均未易与数强敌争较,只有隐忍徐图,力保和局。"可是像李鸿章那样既洞察内情又熟知外势的大臣太少了,由于他知己知彼而避战谋和,竟被激进派讥诮为"迂腐可笑,不值一哂"。当然啦,主战也不一定就错,但总须府库充实、军备到位和时机成熟才行。否则,"衅自我开",贸然宣战(庚子拳乱时,慈禧太后愚蠢到同时向十一国宣战,将中国置于世界公靶的险恶处境),实力处处不如人,却一味狂躁,想不遭受甲午(1894)和庚子(1900)那样深重的国耻也难啊!

翁同龢官居户部尚书,主管国家的大项开支。一方面,他口头高声主战;另一方面,他却以"为国撙节"的名义,奏立限制，令"海军十年内毋增舰炮"，致使这支一度排名世界第八位的新生力量仅靠李鸿章到处化缘来艰难维持。虽然北洋水师的舰艇数（30艘战舰）和官兵数（4000名官兵）超过日本海军的规模，但装备陈旧过时，战术逐年落伍，最终被日本海军弄出个小蟒吞大象的奇观。

晚清国事窳败（yǔbài，恶劣腐败），一言以蔽之，是"人谋不臧"，除了慈禧太后有控股权，翁同龢也是大股东之一，拥有不小的份额。李鸿章给这些盲目盲心喜欢乱投资、乱立项、瞎折腾的人当职业经理人，能有什么好果子吃？到处救火补漏，忙死忙活，也无济于事。在清末宿醉未醒的统治集团高层，李鸿章是清醒者（此外还有张之洞、刘坤一等少数几位疆臣）。"盲人骑瞎马，夜半临深池"，仅用这十个字即可将清末中国政界描绘得八九不离十。

甲午年（1894），中日双方刚开始交战时，李鸿章已暗中许诺给日本小村寿太郎一百万两白银，让他从朝鲜退兵，小村已经答应。不料小村入京见到光绪，谈及此事，不知深浅又沉不住气的年轻皇帝勃然大怒。翁同龢更是火上浇油，称李鸿章欺君卖国，应该严惩不贷。翁氏门生故旧中的糨糊脑袋无不轻看蕞尔（zuìěr，微不足道）小国日本，说中国一人一口就能将这块条状"年糕"吞下肚去，盲目盲心者的狂妄无知一至于此。翁同龢的情绪受到感染和推动，失去了大臣应有的冷静沉着，竟然也不自量力，一味主战，最终激成北洋舰队全军覆没、朝鲜被占、台湾被割、赔银二亿两的千古奇祸。君子误国有甚于小人，翁同龢空口主战，纸上谈兵，将国家折腾得惨苦不堪，却没人指责他书生误国，真可谓是非不明，功罪不分。李鸿章愤慨不已地说："小钱不花要花大钱，我也没办法！"

甲午海战惨败后，李鸿章遭到国人不绝于耳的唾骂。西太后挪用军费修建颐和园，光绪皇帝瞎指挥，娘儿俩绝不会主动承担责任，更不会向天下臣民颁布《罪己诏》。翁师傅呢？他以"为国撙节（zǔnjié，节省）"这一冠冕堂皇的名义不肯划拨军费购置重炮和强舰，同样难辞其咎，也没见他勇敢地站出来，为自己渎职而递上辞呈。据胡思敬《国闻备乘》所记，好笑就好笑在，翁师傅不仅不自责，还理直气壮，径直奔向天津直隶总督府大兴问罪之师，猛踩李鸿章的"痛脚"，问他北洋军舰都到哪儿去了。李鸿章毫不示弱，对这位只动口（主战）不动手（拨钱）的老冤家怒目而视，半晌无一言半字，良久，才冷冰冰地反问道："翁师傅总管国家的财政开支，平时我请求军费，你只知驳诘，板着脸孔不肯给钱。现在事到临头，却来问我兵舰在哪里，你以为兵舰是土牛木马吗？"

翁同龢居然不肯嘴软，他针锋相对，以咄咄逼人的口气质问李鸿章："身为户部尚书，我恪尽职守，为国家节约每一两银子，这有什么错？军情真到了危急地步，你干吗不赶紧打个报告递交上来？"

这话说得过于轻巧便宜，李鸿章不禁怒火攻心，嘴角露出一撇冷嘲。他说："政府怀疑我跋扈，御史参劾我贪婪，我要是再哓哓不休地找户部拨钱，试问翁师傅，今天还有我李鸿章吗？"

李鸿章有一句话强忍着没讲，慈禧太后为修建颐和园侵占北洋水师的军费，日本天皇却节省皇室花销，每年购买两艘新舰艇，八年下来，此消彼长，会是怎样的实力转换？就算他没有讲出这个铁的事实，也已经揭开了盖子，捅破了窗纸，撕掉了面纱，翁同龢理屈词穷。

当然，同样的话到了翁师傅的《日记》中就完全走了样。李鸿章被描写为忧谗畏讥，诚惶诚恐，只嗫嚅着用"缓不济急，寡不敌众"八字为自己辩解。李鸿章向来临危不惧、遇难不苟的那一面则被翁同龢抹杀得干干净净。

中日议和时，李鸿章强邀翁同龢同往马关。翁师傅这回真够机灵的，一拒而再拒，他说自己不懂洋务，生手办不了重事。其实讲穿了，他是不愿去为老冤家李鸿章分谤，正等着看他身败名裂,从协办大学士的宝座上跌落下来,自己好去顶上那个美缺。不过,他的如意算盘也不可打得过于响亮,李鸿章流年不利,背运连连,闹着严重的"病虫害",但他树大根深,枝繁叶茂,不可能轻而易举就被整垮。

据吴永的《庚子西狩丛谈》所述,袁世凯曾去贤良寺拜访李鸿章,替翁师傅探口风。他假装关心地说:"……您不如暂且告老还乡,像东晋的谢(安)太傅那样养望于长林之下,等待朝廷一旦有事,羽檄交驰,闻鼙(pí,军用小鼓)鼓而思良帅,不能不倚重老臣,到时候您再安车上路,才足见身价非比寻常。"

李鸿章何等精明,袁世凯的那几根花花肠子歪歪筋他都一眼就数得出,想要斗智,后者虽狡黠过人,却仍嫌段位不高。

"行了行了,慰庭,你是来为翁叔平当说客的吧?他汲汲然想当协办大学士,我开了缺,腾出一个位置,他就可安然顶替了。你去告诉他,教他休想,旁人要是开缺,他如了愿,那与我不相干;他想补我的空白,万万不可能。诸葛武侯讲'鞠躬尽瘁,死而后已',这两句话,我还配说。总之,只要我一息尚存,就决不无故告退,决不奏请开缺。"

大丈夫不可一日无权。李鸿章对这句话领会最深,虽说在政界的巅峰有点高处不胜寒,可是一旦跌落下去,就会"粉碎性骨折",那样的滋味更不好受。

袁世凯讨了个没趣,只好讪讪告辞。李鸿章立即召吴永到厢房聊天,对他说:"刚才袁慰庭来,讲得天花乱坠,劝我退休,让翁叔平早点拜相。我偏不告退,教他想死!我老师的《挺经》正用得着,我是得了嫡系真传的,我决计与他挺着,倒看他们如何摆布。"

翁师傅到底拗不过李相国,他后来顶的是李鸿藻的缺,直到光绪二十三年(1897)才入阁拜相。翌年,翁同龢就被慈禧太后撵回常熟,朱谕的语气冰冷异常:"协办大学士翁同龢,近来办事多不允协,以致众论不服。屡经有人参奏,且每于召对时咨询事件,任意可否,喜怒见于词色,渐露揽权狂悖情状,断难胜枢机之任。本应察明究办,予以重惩,姑念其毓庆宫行走有年,不忍遽加严谴,翁同龢著即开缺回籍,以示保全。钦此。"很难想象,光绪皇帝会如此无情地颁下圣旨,但他只是傀儡角色,处处受到牵制,无能为力。离京前,翁同龢在日记中写道:"廿八日,晴。午正二刻,驾出,余急趋赴宫门,在道右碰头,上回顾无言,臣亦黯然如梦。遂行。"师徒俩就这样诀别了。六年后翁同龢抱恨而终,十年后光绪皇帝积愤而逝(较普遍的说法是慈禧太后派人下砒霜将他毒害)。大清帝国距分崩离析已经为期不远。李鸿章和翁同龢都是这幕衰亡悲剧中的主要演员,他们争戏分也好,争名位也罢,都已毫无意义。

从翁李二人的遭遇,我们不难看出,在专制王朝,官场充满了令人窒息的"沼气",若非精修曾国藩的《挺经》,就很难挺到终场哨吹响的时刻。

那些以主战、主和来简单地划分爱国者、卖国贼的人,无疑会高抬翁同龢,猛踩李鸿章,但真实情形是:翁、李二人都是爱国者,只不过他们根据自己的理解和判断选择了不同的方向和方式,翁同龢主张以空间换时间,李鸿章则主张以时间换空间。最终证明,李鸿章的主张更靠谱,却在朝野间缺乏广泛的支持。

甲午海战后,荣禄书写便条给鹿传霖,道是"合肥甘为真小人,而常熟仍作伪君子",他对翁、李二人各打五十大板。荣禄的这个指控很难成立,李鸿章固然不是什么"真小人",翁同龢也不是什么"伪君子",在乱世危局中他们伸手摸象,翁同龢是青光瞎,李鸿章是独眼龙,后者的视力显然要好过前者。

有一点,读者必须明白:李鸿章从来就不怕别人骂他,他曾在签押房挂出这样一副对联:"受尽天下百官气,养就胸中一段春。"无论是御史安维峻"请诛"他,还是其他官员背后辱骂他,他都能傲睨之,冷视之,照旧我行我素,这真是一门顶上功夫。

崇洋而不媚外

近人胡思敬在《国闻备乘》中就"教案"(指1906年2月25日发生的"南昌教案")发表议论,有这样一个鲜明的观点:"考世变者当知中国之弱,不弱于甲申、甲午、庚子之失败,而弱于总理衙门外务部之媚夷。"他说的"媚夷"就是取媚洋人。我们姑且不管胡思敬的这个观点能不能够站得住脚,当年国人将崇洋媚外视为头等罪错,则由此可以得到一个明确的佐证。

晚清的洋务派虽分为主战、主和两大阵营,但兴办军事工业和民用实业的主张则是相同的,他们都痛切地认识到:只有家底厚实,主和才有倚恃,主战才有资本,否则就会六神无主。若论讲实话,干实事,李鸿章最称行家里手,由他参与或主持,清朝创办了第一条铁路、第一座钢铁厂、第一座军工厂、第一座机器制造厂、第一所军校、第一支海军舰队。李鸿章对欧洲的制器之器兴趣浓厚,他观察大型机器,可谓细致入微,居然专门写过一篇蒸汽机运转原理的科普短文,还为系列初级科学译本写过序言,堂堂一品大臣肯如此用心着实令人叹服。但很显然,李鸿章忽略了一点,西方的机器固然好,产生这些机器的制度才是更好的,他舍本逐末,兴趣在彼不在此,显然是为了捡到芝麻,丢掉了西瓜。

同治二年(1863)春,李鸿章访问英、法军舰后,写信向曾国藩解释:"鸿章亦岂敢崇信邪教,求利益于我,唯深以中国军器远逊外洋为耻!"知耻而后勇,既然中国人先天不足,就须低首下心向西方学习,他激励同僚"要当刻刻自强,方可相安无事"。这位清朝的柱石大臣认为,中国人自强首先应当在"制器"、"练兵"、"育才"、"办实业"四方面下足工夫。与戈登等欧美精英分子的接触,不仅使李鸿章获得了一些洋务的特有知识,还使他认清了自己在大清帝国中真正应该占据的位置。他被称为"一群盲人中的独眼龙",不是没有道理的,洋人帮他打开的这只眼睛可谓目光如炬,不仅无碍他而且有助他勇往直前。

英国人约翰·濮兰德在《李鸿章传》中写道:"李鸿章不容置疑的目标就是利用外国人优越的军事技术,而与此同时,又不惜任何代价阻止他们利用任何行政权威侵害官僚们的特权。李鸿章对欧洲人侵害的恐惧更甚于国内叛乱。"英国海军上校阿思本帮助李鸿章镇压过太平军,在寄给英国国会的文件中，他出具过这样的证词："李抚台（李鸿章时任江苏巡抚）是一位能干的中国人，他和所有的中国官员一样也是不顾道德原则的。他打算让我手中毫无权力，然后再利用我，或者把我踢到一边，就像对待所有在他的军队里服役的欧洲指挥官一样。"李鸿章给淮军配备洋枪洋炮，收编洋人（华尔、白齐文、戈登）统领的常胜军，以之对付固守的太平军和流窜的捻军，均大幅度提高了淮军的战斗力，他还先后聘请英国船长葛雷森、哥嘉和章斯敦为北洋海军教习，葛雷森和琅威理为总教习，真正做到了洋器和洋人为他所用。李鸿章对常胜军的使用和防范最能反映他内心的主导思想。他总是将常胜军放到最危险的前线，但给予常胜军（约三千名官兵）的饷银却又显得"极不诚实和极不充分"，为此，常胜军的前任司令白齐文与李鸿章激烈争吵而闹崩，他铤而走险，率兵对驻扎在上海的淮军军需金库实施抢夺，最终叛投太平军。继任的常胜军统领戈登则是一位荣誉感极强的职业军人，李鸿章非常欣赏他的英勇热诚，甚至与他称兄道弟，竟然也因战争期间克扣军饷，双方闹过多次不愉快。李鸿章用渔翁驯养鱼鹰的方法（不欲其饱，却得其勤）对待常胜军，虽遭人诟病，却颇具成效。战后，常胜军的使命完成之日，李鸿章则表现出令西方人惊讶的慷慨，他打开紧捂多年的钱袋子，给这些洋将洋兵发放大笔赏金，让他们喜出望外地回到欧洲老家，不再留恋"东方的冒险"。

李鸿章督办江南制造局，请洋人做技术指导，也有看走眼的时候。马格里原本是医生，却吹嘘他懂得制造武器，李鸿章误信此人，结果造成人命丧亡的悲剧。中方的主管官员聂缉椝（曾国藩女婿）、刘祺祥（曾纪泽的小舅子）都是靠裙带关系上位的庸人，中饱私囊确有一套，管理企业一窍不通，排挤徐寿等科学管理人才则不遗余力。官督商办的江南制造局所费不菲，效率低下，始终是李鸿章的一块心病。当年，以老方法办新实业，大抵都是如此。洋务而成"洋误"，可发一笑，却是百分之百的苦笑。

一些不明事理的人，指着李鸿章的脊背唾骂他为"汉奸"、"卖国贼"和用夷变夏的"名教罪人"，还特别坐定李鸿章"崇洋媚外"。说他"崇洋"，无须讳言，列强之强全都摆在明处，除了白痴，谁能咬断舌根不服气？骂他"媚外"，则纯属胡诌。李鸿章对待洋人颇为倨傲（jùào，傲慢），往往见于词色。日本首相伊藤博文曾对伍廷芳谈及李鸿章为人极重尊严，十多年前，他到天津直隶总督府拜望过李中堂，直觉这位高傲的爵相"气焰干霄，令人生悸"。

甲午海战后，清朝是战败方，遣使赴日议和，起初想让德国人德璀琳代行使命，被日本首相伊藤博文愤然拒绝。然后改派总理衙门大臣、户部左侍郎张荫桓和代理湖南巡抚邵友濂为出使日本议和全权大臣，也因敕书中有"电达总理衙门转奏裁决"的字样而被伊藤博文打了回票。摆明了，在恭亲王奕䜣不能轻出都门的情况下，这项赴马关签订和约的全权使命已非李鸿章担任不可。明知此行凶多吉少，没面子好争，没果子好吃，李鸿章仍然决定忍辱负重。出乎国人意料的是，李鸿章竟在马关遭遇日本右翼团体"神刀馆"的浪人小山六之助的刺杀，血流满襟，子弹卡在左眼下的骨缝里，外科医生都不敢在这个位置动手术。日本皇后亲制绷带，送给李鸿章裹伤，想减轻他创口的痛楚，可惜良愿成虚。难能可贵的是，李鸿章自始至终未失大国使臣的风度，提及伤情，他发给朝廷的电报中只有区区六个字："伤处疼，弹难出。"输掉战争是一回事，丢人现眼则是另一回事。外国使节钦佩七十二岁的钦差大臣李鸿章，不仅钦佩他精明干练，还钦佩他"一息尚存，万程当赴"的精神力量。

陆军和海军的全面崩溃令人绝望，《马关条约》在慈禧太后和清朝大臣的心理上留下了耻辱的标记和浓重的阴影。张之洞的密折提出以"警告叛国者"的名义判处李鸿章和他的主要追随者死刑。刘坤一则愤然宣称，在割让中国领土之前,他要战死沙场。不仅执政者极度愤懑和沮丧,而且民怨沸腾,欲食其肉而寝其皮者不在少数。慈禧太后的恼怒情绪甚至延续到了五年之后,最终内宇宙大爆炸,歇斯底里,狂野发泄。但她念及柱石功臣李鸿章四十年来无人可以望其项背的忠诚服务,只不过褫夺了李鸿章的固有官职和荣誉,保全了他的生命。留得青山在,不怕没柴烧,李鸿章在忧馋畏讥的困境中兀然挺立,静待东山再起。

值得一提的是,1903年,曾国藩的弟子、李鸿章的门人吴汝伦赴日本考察学制,回国前,他寻访《马关条约》签署地春帆楼,该楼主人拿出文房四宝,请他题字,吴汝伦沉思少顷,笔下奔出四字:"伤心之地。"可谓言简意赅,写尽心中大块垒。

梁启超撰长文《李鸿章》,第十二章中的一段文字值得留意:

> 李鸿章接人常带傲慢轻侮之色……与外人交涉,尤轻侮之,其意殆视之如市侩,谓彼辈皆以利来,我亦持筹握算,唯利是视耳。崇拜西人之劣根性,鸿章所无也。

不仅梁启超的笔下李鸿章傲对洋人,其他同时代人的笔下也莫不如此。李岳端《春冰室野乘》中的几则轶事令人动容。其一,李鸿章出使俄国时,由海上取道东瀛,日本官方待之以上宾之礼,他却不肯登岸,盖因他不忘马关之耻,发誓不再重踏日本土地。随从人员反复敦劝也无法动摇其心。其二,他暮岁回任直隶总督,法国公使施阿兰狡猾难缠,满清王爷们亦屡屡被他戏弄。有一回,李鸿章与施阿兰相晤于一室之间,公事还没谈完,他突然问道:"你今年几岁了?"外国人不喜欢被对方探问年龄,但李总督的鹰眼直盯得施阿兰头皮发麻,他就报了个实数。李鸿章听了,捋(lǚ)须大笑,他大声说:"你跟我孙子的年纪差不多。我去年经过巴黎,曾与你祖父侃谈了好几次,你知道吗?"施阿兰的气焰顿时为之挫减,竟不免有点惘然若失。其三,光绪二十三年(1897)岁暮,俄国公使求见,李鸿章拿起笔来,批道:"准于明日候晤。"当时,某幕僚在侧,看了批文,颇为吃惊,他说:"明天是除夕,您还会晤洋人?俄国公使哪有什么要紧事?无非想来搅局,让人不得安生,不如谢绝他的拜访。"李鸿章稍稍沉吟后,慨然相告:"你们的眷属都在天津,儿女妻妾合家团圆,守岁迎新,有说不完的暖心话。我萧然一身(其妻已于1892年谢世),枯坐无聊,不如招两三个洋人来,与他们嬉笑怒骂,这不失为一个消遣的好办法。明天,你们都不用来值班了，我在这里一个人对付他们，绰绰有余。"

《清史稿·李鸿章传》这样写道：

> 李鸿章长躯疏髯，性恢廓，处荣悴显晦及事之成败，不易常度，时以诙笑解纷难。尤善外交，阴阳开阖，风采凛然。

甓园居士刘焜的《庚子西狩丛谈》则作了形象生动的描述，说是洋人常常喧宾夺主，对中国的普通官员无不任意折辱之，对庆亲王奕劻也视若无物，唯独对李中堂十分尊敬。盖因李鸿章目光如电，颇具威棱。其中有个细节，说他曾亲眼看见李鸿章边讲话边更衣，"从人引袖良久，公犹不伸臂，神态殊严重，而三洋人仰面注视，如聆训示，竟尔不赞一词"。洋鬼子也是看人下菜碟，李氏的威严足以慑服他们。

在晚清最后四十年里，许多丧权辱国的条约都是李鸿章代表清政府与列强签订的，铁证如山，又该如何解释？诚所谓"弱国无外交"，"强权压倒公理"，谁衔命去签订那些条约，都必定会丧权辱国。1876年10月23日，李鸿章在写给朝鲜官员寿山的信中吐露实言："西方国家利用我们的不幸，用武力把他们的意志强加给我们身上。在签订条约的时候，它们所使用的辩论方式就是荷枪实弹的士兵。这样,你知道,执行他们的条约就成了持续困难的根源。"然而李鸿章并不气馁,他长期利用中国海关税务司赫德爵士、英国外交官马继业爵士等充满同情心和正义感的欧美精英人士收集列强的重要信息,运用"以夷制夷"的外交手腕,使清朝少赔了许多白银,少割了许多领土。只要稍具常识和理性,你就不得不承认,他揩屁股就是要比别人揩屁股揩得更干净。道光二十二年(1842),清政府派遣钦差大臣耆英与英国全权代表亨利·璞鼎查爵士(Sir Henry Pottinjer)签署《江宁条约》,算上"五口通商"、"割香港"、"赔偿西班牙银元二千一百万块"、"放弃关税自主权"这几项,明亏就吃得天大。要知道,《江宁条约》是清政府与外寇签订的第一个不平等条约,那时的国力还算强,心气还算足,就已经绷不住劲,何况四五十年后,清朝的气象已经江河日下。很显然,李鸿章拿到的底牌要差得多,拥有的筹码要少得多,他没有不作任何牺牲即可全身而退的机会,但他在谈判桌上完成了别人难以完成的减损和止损的任务。有人说,如果甲午海战后数年间,李鸿章仍能在直隶雍容坐镇,义和团在京津就无法立足,休想坐大,慈禧太后也不会丧失掉她那稀薄的理性,竟然同时挑战十一国,招来北京沦陷的巨耻惨祸。尽管这个假设无效,但言之有理,能够令人信服。

最吊诡的是，列强的外交官差不多个个敬佩李鸿章是一位高明的爱国者，国人却普遍唾骂他是不折不扣的卖国贼。当年，每逢大型谈判，涉及赔款割地，朝廷给出的指示都是一句模棱两可的"着鸿章酌情办理"，李鸿章必须权衡利害得失，作出艰难的裁夺和痛苦的妥协，他敢负责任于肩头，不怕骂名传千古，这一点真是别人望尘莫及的。

光绪二十二年（1896），李鸿章出任专使，前往俄罗斯庆贺沙皇加冕礼，此后的行程便是游历和考察欧美多国，这是慈禧太后精心安排的活动。此举既可以让李鸿章置身于国内政敌的狙击射程之外，同时又给了他一个重新挣回脸面和体面的机会。

李鸿章访问法国期间，恰逢万国运动会（奥运会前身）在巴黎举行，升旗仪式上，各国皆有国歌奏响，唯独大清帝国极不靠谱，竟然连一支国歌都没有，当场惹得洋毛子放肆嘲笑。李鸿章年逾古稀，白发萧疏，原本是应邀观礼的嘉宾，见此窘状，他健步离席，走到黄龙旗下，傲然挺立，大声清唱他家乡安徽的民间小调"茉莉花"。那一刻，全场的喧嚣归于肃静，旋即掌声雷鸣，自命不凡的洋人也情不自禁地向他致敬。一位东方老人以这种奇特的方式捍卫自己国家的尊严,可敬复可悲!

李鸿章暮年访问欧洲,值得大书特书一笔的是他与德国首相俾斯麦的会晤。李鸿章被称为"东方的俾斯麦",实则二人没有多少可比性。如果说俾斯麦是"血与铁",李鸿章便只能算是"血与银",在用权方面,在对国家的建设性方面,李鸿章都相差甚远。由蔡尔康等人撰写的《李鸿章历聘欧美记》对德国之行叙述得十分细致,可见李氏当日颇为欢悦。且看其中一些要点:

> 先是李鸿章问俾斯麦身体如何。俾斯麦说:"晚上总是失眠,感觉很难受。"李鸿章说:"我晚上也经常头痛。"还把马关遇刺时颧骨上的伤疤指给俾斯麦看。后来谈到正题,李鸿章向俾斯麦请教道:
>
> "我这次到贵府拜访,有一件事想就教于您,请以高见赐教。"
>
> "哦,什么事?"俾斯麦微笑着倾侧身子,显得饶有兴趣。
>
> "要使中国复兴,有何良方?"
>
> "可惜中、德两国相距甚远。贵国的政治,我平日很少留意,无从悬决。"

问题太宽泛了，俾斯麦也不知手术刀该往何处下，何况他根本不了解中国的病情，胡乱提出治疗方案是不负责任的做法。紧接着，李鸿章询问俾斯麦该如何励精图治，对于这个政治难题，俾斯麦有一番心得可说：

> 以练兵为国家的基础，舍此别无长策。兵不贵多，一国之兵不必超过五万人。但队伍必须年轻，技艺务求精湛，才能所向无敌。

奉行军国主义，以兵戎为先，这与铁血宰相的身份和口吻正相符合。俾斯麦还具体谈到如何驻兵、用兵的要诀，李鸿章立刻与他商妥，今后中国要聘请德国教习赴华襄助练兵事宜。会谈结束后，两人互赠礼品，李鸿章还在俾斯麦那本集结天下名贤手泽的纪念簿上题写了几行漂亮的汉字。那天，俾斯麦着装极为庄重，胸佩红鹰大十字宝星，头戴德皇所赐的玉冕，手执介圭（大玉），腰悬登坛的宝剑，他平日崇尚质朴，很少如此盛装，可见他对李鸿章颇怀敬意。

李鸿章游历英伦三岛时，会晤了维多利亚女王，其中有个细节值得一提。随行翻译罗丰禄腹笥（fùsì，肚子里的学问）

丰赡（shàn，富足），颇为机智，李鸿章为女王题诗，罗丰禄翻译，他意犹未尽，借机发挥，将杜诗"西望瑶池降王母，东来紫气满函关"改造为"西望安乐园有王母，东瞻紫气来老子"，两面兼顾，把女王与李鸿章都包含了进去，语意契合双方的地理和身份。老子李聃姓李，李鸿章也姓李，诗句浑然天成，细节无可挑剔，主宾欢快有加。然而李鸿章在英国访问期间也并非没有遭遇过尴尬的情形。有一天，英国外交大臣设宴款待李鸿章，座中多为英国高官名绅，李鸿章偶然失控，打了个响屁，遂落为记者报道中的话柄：李鸿章认为现场音乐不足以娱乐宾客，于是自鸣其鼓以助雅兴。这条不算丑闻的"臭闻"使李鸿章惭愧了好一阵子。当年，就算是在欧洲大陆，外交礼仪也较为粗放。李鸿章访问法国期间，法国国王馈赠一对高卢雄鸡给他，他很喜欢这对雄鸡的美观和驯顺，出行时就与鸡同车，巴黎人对此议论纷纷："中国大官，奉使外国，多以牲畜同行。牲畜若毙，中国大官必不利。"这等于"赞扬"李鸿章是个迷信头子。

李鸿章被人骂为卖国贼，有一个原因不可忽略，他儿子李经方娶日本女子为妻，正好贻人口实，授人以柄。但即便凭今日十岁小儿的智商，也不会认为涉外婚姻与汉奸之间可以划上等号。由此可见，以海外关系来定人"卖国"罪，并非始于20世纪50年代的发明，而是早有先例。

胡适曾激愤地说："我们事事不如人，中国不亡，实无天理！"

不如人也罢，只要卧薪尝胆，"十年生聚，十年教训"，就终究会有出头之日。中国险些亡于庚子（1900）拳乱，其时，恭亲王已死，李鸿章远在南方担任两广总督，中国政府决策层的理智迅疾出现真空。慈禧太后与载漪、刚毅等王公大臣竟然养寇自用，深信歇斯底里大发作的义和团能够无敌于天下。中国政府有了"神拳相助"，骤然有了"刀枪不入"的自信，于是董福祥的甘军在永定门附近刺杀了日本驻华使馆的书记官杉山彬，德国公使克林德也被载澜麾下的神机营枪杀于街头，还险些被斩首示众。混乱的局面弄成满地鸡毛，不堪收拾，慈禧太后仍嫌不够尽兴，紧接着又干出了更不可思议的狂妄之举：同日同时向英国、美国、法国、俄国、日本、意大利、西班牙、葡萄牙、荷兰、比利时、奥地利十一国宣战。《宣战诏书》振振有词：

> 与其苟且图存，贻羞万古；孰若大张挞伐，一决雌雄。彼恃战力，我恃人心。

这位足不出宫的妇道人家迷信神拳,罔顾大势,竟然弱智到这种地步:以为只要大清军民齐心合力攻下东交民巷的各国使馆,就可称霸于世界,称雄于地球,吐尽胸中那口郁积已久的鸟气。无奈乱民暴民之"心"不可恃,过分超值的想法终究难以兑现。清政府挑起事端,招致八国联军的疯狂报复,再次自取羞辱,自毁长城。

当年,诏檄飞驰,各地督抚均不知所措,纷纷向两广总督李鸿章请教行止,李鸿章毅然复电:"此乱命也,粤不奉诏。"于是,由两广总督李鸿章领衔,偕两江总督刘坤一、湖广总督张之洞、四川总督奎俊、闽浙总督许应骙和南方多省巡抚,联名"东南互保",既保护教堂教民,又防范洋人对南部诸省妄起觊觎之心,刘坤一、张之洞等封疆大吏甚至做好了最坏的打算,一旦宗庙倾覆,立即推举李鸿章为"伯里玺天德"(president,总统),出面维持大局。李鸿章也慨然允诺:

> 大家既然盛意推举,我也知道他人断然不肯来承担这桩挨骂的差事,只要有利于国家,我万死不辞。

这件事很容易使人联想到李鸿章与查理·乔治·戈登的一次对话。1880年夏秋之际,民间谣传俄国意欲扶植李鸿章为傀儡皇帝,以取代九岁的光绪,戈登即在此时劝导李鸿章拥兵自重,率军从天津进京夺取最高权力。李鸿章与他的老师曾国藩一样,撇开"忠诚"二字不讲,鉴于造反的风险太大,胜算太小,他无意挺身而出。约翰·濮兰德在《李鸿章传》中对此有一个令人信服的解说:

> 李鸿章深深懂得,中国目前最好的处境是让这个王朝不受干扰地继续存在,使其成为帝国社会制度完整的组成部分,也成为整个民族对祖先崇拜的基础。他从来没有幻想过,让自己的家族去建立一个全新的王朝。他支持满人掌握政权,并不是因为他爱戴他们,或者说他们是一群令人满意的统治者,而是因为他们已在那个位置上长期存在。他的策略是坚守正统、有利可图、个人对慈禧太后忠诚不贰等明智言行的混合。

当然,也有另外一种声音,铁笔御史安维峻就认为李鸿章之所以反形未露,是因为形格势禁,主因是淮军不可恃:"……李鸿章久有不臣之心,非不敢反,直不能反。彼之淮军将领,类皆贪利小人,绝无伎俩,其士卒横被克扣,离心离德。"换个角度来看,这话也不是完全没有道理。

古人说:"国必自伐而后人伐之。"清廷的最高决策者操持义和团这柄"双刃剑"疯舞一气,斫(zhuó,用刀、斧砍)伤洋人的同时,自己何尝不是创深痛巨。惨遭多方蹂躏的北京顿时变成巨大的烂摊子,举国上下,除了李鸿章,还有谁能动手收拾?

早在八国联军攻打天津时,李鸿章就预言道:"西方联军不足以灭亡中国,大可忧虑者恐怕在国难平息之后。"战后订约,必然吃个巨亏,但这个巨亏到底会是一个多大的窟窿,他心中毫无把握。慈禧太后要为其昏招惹起的大祸善后,必须找个明悉中外形势的大臣来擦干净屁股,李鸿章再次成为了她的救命稻草。她下诏宣李鸿章入朝,充任议和全权大臣,兼直隶总督,诏书中有一句"此行为安危存亡所系,勉为其难",一位七十八岁的老臣仆仆上路,干的却是世间最脏最苦的活计。李鸿章知难而进,奉命即行。到了上海,他得到荣禄的暗示和两江总督刘坤一、湖广总督张之洞的挽留,遂驻沪观望。

暮年侘傺(chàchì,失意)

李鸿章晚年行背运,先是甲午(1894),后是辛丑(1901),

甲午名声扫地,辛丑则一命归西。光绪二十二年(1896),他携家人游览颐和园,原本只是小事一桩,却被朝中御史揪住参劾,罚俸一年。真是喝凉水都塞牙缝。

约翰·濮兰德在《李鸿章传》中写到传主的这段人生低潮期,有翔实的笔墨:

> 1894年,这场风暴突发而至:六个月之后,三眼花翎不再是李鸿章的了,随之一同剥夺的还有黄马褂、紫色马具和其他象征帝国恩惠的东西。潮水般涌来的幸运已经逆转,现在开始了急速的退潮。在他人生的最后七年里,充满了悲哀和耻辱,为此他心力交瘁。

命运的缰绳曾经像毛笔一样在李鸿章手中牢牢在握,这一次却惊险地失控了,若非外有列强保全,内有太后维护,在"众人皆曰杀"的绝望空间,纵有一百个一千个李鸿章,也都会变成春天的韭菜。

曾国藩打趣过李鸿章,夸他"拼命做官",话中既含有揶揄的成分,又不无赞赏的意思,他表扬李同学不畏风险,不惧浮议,勇于挑起别人不敢试肩的重担,敢于承受"人情所难堪"的使命,善于完成那些无法完成的任务。李鸿章对此给出了自己的解释:"我辈受国恩厚义未可以言去,只有竭力支持,尽心所事而已。"甲午海战后,他被迫赋闲,对《庚子西狩丛谈》的作者吴永有过坦率的告白:"今人多讳言'热中'二字,予独不然,即予目前,便是非常热中。仕则慕君,士人以身许国,上至下泽,事业经济,皆非得君不可。予今不得于君,安能不热中耶?"在曾国藩的部属、弟子中,彭玉麟授官必辞,李鸿章永不言退,盖因两人心性不同,处世的法则和态度有别。

永不言退,谈何容易。李鸿章当了三十多年的封疆大吏,位极人臣,即便生病,也从不请假。他曾说,恩师曾国藩晚年请求退休是没有益处的,受国重任,死而后已。这样的忠勤也真是旷古罕见,要说能挺,他可是数一数二的角色。《庚子西狩丛谈》记述李鸿章中日甲午战争后的谈话,最为真切,也最为痛切:

> 我办了一辈子的事,练兵也好,海军也罢,都是纸糊的老虎,何尝能实在放手办理?不过勉强涂饰,虚有其表。不揭破,犹可敷衍一时。如一间破屋,由裱糊匠东补西贴,居然成一净室。虽明知为纸片糊裱,然究竟决不定里面是何等材料。即有小小风雨,打成几个窟孔,

随时补葺，亦可支吾对付。乃必欲爽手扯破，又未预备何种修葺材料、何种改造方式，自然不可收拾。但裱糊匠又何术能负其责？

李鸿章被他的洋秘书宓吉称为"领航员"，任务是使本方的轮船远离礁石，在复杂而危险的航道上避免与其他轮船相撞，为了整条船的安全，一旦遇上激流骇浪，就不得不抛弃一些沉甸甸的"货物"（指国家的一些领土和主权），这样做虽然暂时赢得了喘息之机，但每一步都是大清帝国走向没落的积累，他赢得了苟延残喘的时间，却没有赢得和平发展的空间。很显然，李鸿章比宓吉更悲观，他自称后半生做的是裱糊匠，唱的是独角戏，而不是在飘扬的龙旗下充当领航员。甲午战争撕碎了纸老虎——北洋海军；庚子拳乱又差点摧毁纸房子——清王朝。他忙完这里的修补，又要去忙那里的裱糊，两眼晕黑，还是抵不过慈禧太后的一念之差。他早年爱读《管子》，晚年爱读《庄子》，不是毫无原因的。

早在同治八年（1868），曾国藩入朝奏对时就说过："海防是第一件大事，兵是必要练的，哪怕一百年不开仗，也须练兵防备。兵虽练得好，却不可先开衅。讲和也要认真，二事不可偏废，都要细心去办。"备战与讲和这两件事，清廷办得如何呢？同治十三年（1873），日军侵扰台湾，沈葆桢率师渡海驰援，日军已为之气夺，清廷却急于言和，甘愿赔偿兵费银五十万两，日军凯旋。光绪十一年（1885），中国明明是中法战争的胜方，见好就收的方式却是主动示好，安南（越南）遂为法国领地。畏战而谋和，李鸿章一门心思想的是花小钱图安全，但一再隐忍退让给列强的印象则是怯懦。日本海军处心积虑，要与北洋水师决一死战，他们的备战更积极，舰艇更先进，固然是战术层面显而易见的优势，更确切的优势则来自于心理，他们料定北洋水师战备废弛，军官贪污腐败，缺乏斗志，何况李鸿章将赌注押错了地方，他幻想俄国人会及时出面干涉。北洋海军提督丁汝昌向他请战，他回电说："日俄行失和，吾特令汝观战，非令汝作战也。"主帅掉以轻心，将士如何对待？防备必然松懈。一旦日本海军不宣而战，突然偷袭，北洋水师就只能穷于招架，像纸船一般被风刮走。李鸿章昔日炫耀的渤海门户"深固不摇之势"全都成为了浮云。在军情折中，李鸿章所讲的"以北洋一隅之地，搏倭人全国之师，自知不逮"已显得底气不足，其实北洋水师是中国三分之二的海军，不应自贬为"一隅"。李鸿章称北洋海军是"纸糊的老虎"，这真是令人沮丧，那些舰艇可都是真金白银堆出来的。

海外的历史学家唐德刚认为李鸿章是"以一人敌一国",是"政治家斗不过女人家"。究其实,李鸿章何尝与一国为敌?倒是这一国将他孤立了出去;他又何尝与慈禧太后斗法?他所做的工作只是经常为她擦屁股。义和团扶清灭洋无疑是最脏的一次。李鸿章一开始就不赞成"以拳制夷"这种极端弱智的胡来,可他的话没人听得进去,狂疾发作时,苦口良药的退烧针根本达不到应有的疗效。

当时,列强正对华做分赃竞赛,李鸿章多年对外交事务有深刻认识和理解,列强的手段无非是"阳托和好,阴怀吞噬,一国生事,多国构煽",当此"数千年来未有之变局",清政府只能采取均势外交,拉一方,打一方,比如联俄拒日,绝对不能将洋人当成饺子,一锅煮,一锅煎。他主张与欧美各国开展更自由的双边贸易,尽可能避免武力对抗,在相对和平的环境中,兴办实业,制器练兵,努力谋求自强。但形势强于人,李鸿章的愿望——中国与列强斗智不要狠,求财不怄气——难以实现,没有一个周全的治疗方案能够包医百病。

国外的观察家早已达成共识:

> 每当清政府把这个巨大的帝国带到毁灭的边缘,他们唯一必须起用的人就是李鸿章。

然而国内的清流之士并不买账，他们斥骂李鸿章祸国殃民，朝中敌党（梁鼎芬、安维峻等人）出手更辣，直接弹劾他为乱臣贼子，几乎到了"不杀不足以平民愤"的地步。他忍辱负重，至此，确实已达到了前无古人的地步。甲午战争后的那段时期是李鸿章一生中处境最艰难、情绪最低落的时期，真可谓"一生事业，扫地无余"。所幸全体军机大臣为他开脱"罪责"，联署的奏折中有一句"中国之败全由不西化之故，非鸿章之过"，这十六个字令李鸿章老泪纵横。

光绪二十六年（1900），李鸿章离开广州，北上回任直隶总督兼北洋大臣，全权办理对外交涉。南海知县裴景福问他有什么办法可以让国家转危为安，少受损失，他回答道："不能预料！唯有竭力磋磨，展缓年份，尚不知做得到否？吾尚有几年？一日和尚一日钟，钟不鸣，和尚亦死矣。"李鸿章对外交涉，惯用（也只能用）权宜之计，这次当然也不会例外。

北上之前，李鸿章写给慈禧太后的奏折可谓痛切陈辞，傥（tǎng）直无隐，明智的人读了它，多半会产生共鸣吧。这份奏折具有不可替代的重要性，值得引录：

> 自古制夷之法，莫如洞悉虏情，衡量彼己。自道光

中叶以来,外患渐深,至于今日,危迫极其矣。咸丰十年,英法联军入都毁圆明园。文宗出走,崩于热河。后世子孙,固当永记于心,不忘报复。凡我臣民,亦宜同怀敌忾者也。自此以后,法并安南,日攘朝鲜,属地渐失。各海口亦为列强所据,德占胶州,俄占旅顺、大连,英占威海、九龙,法占广湾,奇辱极耻,岂堪忍受?臣受朝廷厚恩,若能于垂暮之年得睹我国战胜列强,一雪前耻,其为快乐,夫何待言?不幸旷观时势,唯见忧患之日深,积弱之军,实不堪战。若不量力而轻于一试,恐数千年文物之邦,从此已矣。以卵敌石,岂能幸免?即以近事言之,聚数万之兵,以攻天津租界,洋兵之为守者,不过二三千人。然十日以来,外兵伤亡者仅数百人,而我兵已死二万余人矣。又以京中之事言之,使馆非设防之地,公使非主兵之人,而董军围攻已及一月,死伤数千,曾不能克。

现八国联军已将来华,携带大炮无算,不知中国何以御之?但有十万洋兵,即得京师易如反掌。皇太后皇上即欲避往热河,而今日尚无胜保之其人,足以阻洋兵之追袭者。若俟至彼时,乃欲议和,恐今日之势,且非甲午之比。盖当时日本之伊藤,犹愿接待中国议和之使。

若今日任用拳匪，围攻使馆，犯列强之众怒，朝廷将于王公大臣之中，简派何人，以与列强开议耶？以宗庙社稷为孤注之一掷，臣思及此，深为寒心。若圣明在上，如拳匪之妖术，早已剿灭无遗，岂任劳任怨其披猖为祸，一至于此？历览前史，汉之亡，非以张角黄巾乎？宋之削，非以信任妖众，倚以御敌乎？

臣年已八十，死期将至，受四朝之厚恩，若知其危不言，死后何以见列祖列宗于地下？故敢贡其戆直，请皇太后皇上，立将妖人正法，罢黜信任邪匪之大臣，安送外国公使至联军大营。臣奉谕速即北上，虽病体支离，仍力疾冒暑颠行。但臣读寄谕，似皇太后皇上仍无诚心议和之意，朝政仍在跋扈奸臣之手，犹言拳匪为忠义之民，不胜忧虑。臣现无一兵一饷，若冒昧北上，唯死于乱兵妖民，而于国毫无所益。故仍驻上海，拟先筹一卫队，措足饷项，并探察列强情形，随机应付。一俟办有头绪，即当兼程北上。

李鸿章是中国高官中唯一一个有勇气公开指责慈禧太后的愚蠢行为的人，正是他牵头抵制了慈禧太后废黜光绪皇帝的图谋。从以上这份奏折我们不难看出，慈禧撤离北京逃往西安之前，一方面她催促李鸿章北上议和，另一方面她仍在纵兵攻打天津租界和北京东交民巷使馆区，视义和团为"义民"，颠顸地认为"扶清灭洋"乃是民心所向。在奏折中，李鸿章发出了振聋发聩的严厉警告，慈禧太后却将它当成耳旁风，照旧恣意妄为，最终几乎闯下亡国之祸。大清帝国最愚蠢最蛮横的老板娘偏偏有一个最精明最忠实的职业经理人，这是她的幸运，但烂摊子毕竟是烂摊子，李鸿章也只能竭力拼命挽回这一遭。十年后，大清帝国就将土崩瓦解。

鸦片战争后，大清帝国遭到列强围殴，李鸿章希望慈禧太后能够拿出越王勾践的自强精神和雪耻劲头，却是做梦，这个离死不远的老太婆仍要穷奢极欲，为了修花园、筑陵墓，不惜耗竭军费，榨干民脂民膏，连最基本的理智都不具备，何谈其他。结果是几番瞎折腾，大清帝国元气大伤。纵有一万个李鸿章，又怎么救得了那座着火的纸房子？他悲叹"钟不鸣，和尚亦死矣"，至今犹有余哀。

战败方与战胜方谈判，弱国与列强讨价还价，就算李鸿章能顶能扛，也必然是拉锯式的，异常艰难。光绪二十七年（1901）秋，全权议和大臣李鸿章和庆亲王奕劻遵照慈禧的旨令"量中华之物力，结与国之欢心"，代表大清帝国与英、法、俄、美、德、日等十一国反复商谈《辛丑条约》的内容，条约总共十一款，其中数款值得一提：条约第一款是中国政府派遣醇亲王载沣赴德国谢罪，中国政府在北京为遇害的德国公使克林德建造纪念牌坊。条约第二款是惩办罪魁，在洋人心目中，真正的罪魁是慈禧太后，她可以得到豁免，那些兴风作浪的干将则罪不容赦，端郡王载漪、辅国公载澜被判斩监候（相当于死缓），加恩贷死，遣戍新疆，永不释回；尚书刚毅、大学士李秉衡身死夺官；巡抚毓贤、尚书启秀、侍郎徐承煜均遭正法；提督董福祥被革职处分。条约第三款是中国政府派遣侍郎那桐赴日谢罪。条约第五款是禁止中国进口军火两年。条约第六款则是重中之重，中国政府须赔偿参战十一国的损失四亿五千万两白银，分三十九年清还本息，赔款由上海道办理，以关税盐政作担保，据粗略计算，赔款连本带息共计九亿八千万两白银，大约相当于现在的人民币两千多亿元。条约第八款是中国军方削平大沽炮台。自有清以来，这个条约是最屈辱的，最不平等的，慈禧太后只要皇权不被动摇，自己的宝座不被颠覆，就咽口唾沫忍了，睁只眼睛认了，《辛丑条约》得以过关，她甚至感到了某种程度的舒坦和侥幸。

李鸿章为慈禧太后擦屁股，内心却远没有老佛爷那么轻松自在，他与列强谈妥条款的那天，回府之后，吐血一碗有余，血块呈紫黑色，经西医确诊，是胃血管破裂所致。他患此沉疴，仍在病榻上口授奏章，快递朝廷：

> 臣等伏查近数十年内，每有一次构衅，必多一次吃亏。上年事变之来，尤为仓促，创深痛巨，薄海惊心。今议和已成，大局稍定，仍希朝廷坚持定见，外修和好，内图富强，或可渐有转机。

历史的教训总是相似的，李鸿章经事越多，静气越足，他主和不主战，既是因为家底子太薄，经不起反复折腾，也是因为暴民不可恃，义和团烧教堂，杀神甫，挑起惊天事端，朝廷竟然丧失基本理智而为之撑腰，结果国力受损，国库遭劫，比甲午海战输得更惨。李鸿章主张"外修和好"，只是权宜手段；"内图富强"，才是最终目的。须知，没有一个安定和平的建设环境，国家的遍体疮痍就很难疗复。最终的胜利往往源自暂时的包羞忍辱，越王勾践向吴王夫差纳币求和，然后卧薪尝胆，"十年生聚，十年教训"，终于殄（tiǎn，天绝）灭了吴国，创造出咸鱼翻身的奇迹，这才是好榜样。但很显然李鸿章要比勾践悲观得多，去世前，他看到大清王朝气数将近，遗折中"或可渐有转机"六字，语气已经捉摸不定。

李鸿章卧床不起，毫无怜悯心的俄国公使莱萨仍常来病榻前不断骚扰他，催逼李鸿章在俄国起草的意欲侵占东北的条约上签字，他没有一天能够清静安生。临终前，李鸿章所上遗折中仍郑重叮嘱"举行新政，力图自强"，这是他一生的主张，至死未变。也许诗歌更能见出李鸿章谢世前的凄怆心情，他向幕友周馥口述的一首七言律诗极为悲凉：

> 劳劳车马未离鞍，临事方知一死难。
> 三百年来伤国步，八千里外吊民残。
> 秋风宝剑孤臣泪，落日旌旗大将坛。
> 海外尘氛犹未息，请君莫作等闲看。

1901年11月7日，慈禧太后和光绪皇帝在从西安返回北京的归途中接到李鸿章去世的噩耗，当着众多随从的面，"太后及帝哭失声"，慈禧悲叹道："大局未定，今后没有人可以分担了！"我们应该认识到，慈禧太后的感伤并非普通戏码，大清国"梁倾栋折，骤失倚恃"，她的晚景余年将会更加举步维艰。

李鸿章死后，英、美等各国使团均表示沉痛的哀悼，遂不再讨价还价，全部遵照李鸿章生前拟定的议和条款办理。

庚子赔款一项，美、英等国后来都有所返还，转为中国留学生的教育经费。庚款培养出了中国20世纪初一大批优秀的自由主义知识分子（以胡适为杰出代表），中国现代化的胚胎竟保全于庚款之中，这绝对是李鸿章始料未及的，真不知他在九泉之下，悲喜何如？

"寄语路人休掩鼻，活人不及死人香！"李鸿章去世后，挽联多多，赞的赞，骂的骂，热闹得紧。严复的挽联讲了句公道话：

使朝廷早用公言，则世事奚至于此？
设晚节无以自见，而士论又当何如？

问得好。可惜答案摆在眼前，后人已不想仔细看它。在生命的最后一年，李鸿章临危受命，收拾河决鱼烂的残局，一台独角戏唱得天下同观。然而，这恰恰是他生命中最广大的寂寞，也正是这广大的寂寞收葬了他悲壮的灵魂。

梁启超在《李鸿章·绪论》中以动情的笔墨写道："吾敬李鸿章之才，吾惜李鸿章之识，吾悲李鸿章之遇。"若非心悦诚服，梁启超绝不可能有此一说。然而梁启超毕竟是梁启超，他评价李鸿章，并非只拣中听的话说，酷评也有不少，敲打得最重的是这样几句,"(李鸿章)不识国民之原理,不通世界之大势,不知政治之本原","知有洋务不知有国务","知有兵事不知有民事,知有外交不知有内治,知有朝廷而不知有国民"。梁启超认为,李鸿章最明显的短板乃是"不学无术",中年以后,这位清朝的柱石重臣就很少读书,对西学始终只识皮毛,知其然而不知其所以然,尽管他胜过其他的封疆大吏,走出过国门,游历过欧美五大强国(俄、德、英、法、美),但他出国访问太迟,走马观花太快,尽管眼界全开,却如同观看西洋景,未能深入领悟西方政教、文化的精髓,乃是美中不足。

在一百多年前,中国男人脑后普遍拖着一根被洋人嘲笑为"猪尾巴"的辫子,李鸿章访美时,好评如潮,肯定与他的辫子无涉,只与他的见地有关。美国《纽约时报》的记者采访这位大清帝国的柱石重臣,李鸿章谈锋甚健。他认为美国当时掀起排华的滔天浊浪,无异于自断手脚。华工比爱尔兰工人的薪酬更低,却更勤俭,他们的廉价劳动力可以降低美国商品的价格,在欧美贸易中提升美国的竞争优势,排华法案极不明智。李鸿章对美国新闻媒体的仗义执言深表赞赏,对本国的报纸则流露出明显的不满:

清国办有报纸,但遗憾的是清国的编辑们不愿将真相告诉读者,他们不像你们的报纸讲真话,只讲真话。清国的编辑们在讲真话的时候十分吝啬,他们只讲部分的真实,而且他们也没有你们报纸这么大的发行量。由于不能诚实地说明真相,我们的报纸就失去了新闻本身的高贵价值,也就未能成为广泛传播文明的方式了。

倘若读者感时忧世,看完这段话,必定兴感无穷,唏嘘喟叹:"中国的进步真是太难了,简直难于上青天!"

李鸿章死后,备极哀荣,某些礼遇用于汉臣,实属前朝所未有,也是曾国藩望尘莫及的。"予谥文忠,追赠太傅,晋封一等侯爵,入祀贤良寺,于京城特建专祠"。其中,以庙食为至荣,在京师设专祠,即使是功德盖世的汉朝丞相萧何、蜀汉丞相诸葛亮都不曾享受过这样的隆遇,整个清朝,李鸿章是享受到这一殊恩的唯一汉人,有懿旨为证:"京师建立专祠,汉大臣向无此旷典;唯该学士功绩迈常,自宜逾格,以示优异。李鸿章著准于京师建立专祠,列入祀典,由地方官春秋致祭,以顺舆情而隆报享。"李鸿章的专祠名为表忠祠,十年后即告废弃,什么隆遇旷典都沦为历史陈迹,就连他的墓庐也在1958年被无知的村民掘开,尸骸被拖出示众。

身后的荣辱滑不留手，谁能把握呢？

当年，正值李鸿章哀荣备至时，朝野间就有人发出不同的声音，诗人黄遵宪创作了四首挽诗，第三首举出李鸿章外交方面的关键失误——盲目亲俄，未为贤者、尊者讳：

> 毕相伊侯早比肩，外交内政各操权。
> 抚心国有兴亡感，量力天能左右旋。
> 赤县神州纷割地，黑风罗刹任飘船。
> 老来失计亲豺虎，却道支持二十年！

李鸿章身处数千年未有之变局，"匡济时艰，辑和中外，老成谋国，具有深衷"，与德国宰相俾斯麦和日本首相伊藤博文齐名。可惜他忘记了林则徐的警告——"百年后，为中国患者，其唯俄罗斯乎"，竟失计与背信弃义的俄国暗中结盟，签订《中俄密约》，为了获得俄方的空头保证，断送实利：放弃东北路权，开放东北门户。李鸿章联俄拒日，宣称此举可保障国家"二十年无事"。才不到两年时间，俄国军队就与日本军队在东北境内对掐死磕，四年后，更是变本加厉，率先用开花大炮攻破北京城的东便门。教训实在是太深刻了些！李鸿章以"羁縻（jīmí）为上"的驭夷之法所演出的"独角戏",最终却以大挫败后签订的《辛丑条约》为收场,此后不久,这颗屈辱的种子竟意外地娩出了"庚款留学生"这一强胎,百年沧桑,令人无限感慨。

结语

在中国近代史上,李鸿章乃是"庸众中的杰士"(梁启超的评语),关系极大,关联极广,这方面很难有人能望其项背。他与孙中山虽然从未谋面,但他们离谋面已只差很小一段距离。起初,孙中山的《上李中堂书》石沉大海,李鸿章并未逆料到这位广东青年是一条蛰伏的神龙,乘云必能兴雨。后来,孙中山之名震动全国,李鸿章任两广总督时,也不得不为自己预留地步,竟暗中冒险资助革命党三万光洋,还谋求机会与孙中山在海上会晤,若不是孙中山临场怯阵(他念及李鸿章杀害太平军降将,难免胆寒),改变主意,这场中国近代史上最著名的会晤必然会产生巨大的反响。

甲午(1894)海战之前,日本人评出当世五大伟人,分别是:德国铁血宰相俾斯麦、美国废奴总统林肯、中国大臣李鸿章、意大利统一者加里波第、日本首相伊藤博文,李鸿章居于顺位第三,力压伊藤博文两肩,令人惊诧。对此,梁启超给出的合理解释是："日本像伊藤的人不下百人，而中国只有一个李鸿章。"

高看李鸿章的何止日本人，英国传教士李提摩太曾说："李鸿章从体形看他比绝大多数人都高，从智力看他在众人之上，能越过他们的脑袋看很远的地方。"李鸿章身高约1.85米，这个高度就是与洋人打交道也毫不吃亏，他睥睨对手时，对方必然会感到巨大的压力。若不是弱国外交难办，朝廷将李鸿章当成"救火队长"来用，他的成就将不可限量。青年毛泽东就说过这样一句公平话："李鸿章是船，清政府是水，舟大而水浅，李鸿章这艘船在水里无法航行，施展不开。"

《清史稿·李鸿章》是这样评价传主的："鸿章既平大难，独主国事数十年，内政外交，常以一身当其冲，国家倚为重轻，名满全球，中外震仰，近世所未有也。生平以天下为己任劳任怨，忍辱负重，庶不愧社稷之臣；唯才气自喜，好以利禄驱众，志节之士多不乐为用，缓急莫恃，卒致败误。疑谤之起，岂无因哉？"这个考评的结论是比较公允的。李鸿章死后若干年，名誉一落千丈，被黥（qíng，在脸上刺上记号或文字并涂上墨）上"汉奸"、"卖国贼"的耻辱印记，恰恰说明意识形态的气候和社会舆论的环境发生了翻天覆地的变化，不再以事实为依据，而只以政治为准绳。

历史始终是一盆黄河水，不可能简化到"清者自清，浊者自浊"的分明程度，其复杂性甚至超过常人想象的边际。私欲、荣名、功业、社会诉求、国家利益等等，掺和在一起，最终，你会无奈地发现，历史才是捣糨糊的一流高手。我们不妨回到问题的始端：李鸿章是汉奸、卖国贼吗？有很多证据支持他是一位悲壮的爱国者，也有一些证据证明他是一位出卖国家利益的大臣，因此后人莫衷一是，各执一端而纷争不息。

随着时间的推移，有些历史事实逐渐模糊，有些历史事实则水落石出。李鸿章办洋务，用人多不当，包庇盛宣怀招商局贪污案，最遭诟病。李鸿章办军务，"御人以术不以德"，致使众将不和，属邦朝鲜告急，他重用怯将叶志超和贪将卫汝贵，不仅丧师害事，在日军面前处处吃瘪，而且贻羞天下。这些都是确定不拔的事实。但《中俄密约》的内幕交易被揭开屎桶盖子，仍能惊出众人一身冷汗来。1937年，商务印书馆出版了俄国史学家罗曼诺夫的《帝俄侵略满洲史》，作者根据俄国财政部秘档查出一笔数额高达三百万卢布的"李鸿章基金"，专款专用，这笔钱只有李鸿章能够支取。如此说来，高阳认定李鸿章曾"引狼入室，复又为虎作伥"，并非毫无根据，李鸿章被骂为"汉奸"、"卖国贼"，也不算完全冤枉他。

这是不是很诡谲？倘若我们换个角度看问题，就不难明白：有权力有能耐有途径卖国的总是极少数大人物，他们是核心利益集团的代表，要他们时时处处狠斗私字一闪念，谈何容易？制度不断分娩这种亦正亦邪、亦忠亦奸的怪物，其奈制度何？

历史浑浊不堪，永无澄清之日，人性复杂，史实棼乱（fénluàn，混乱），理应充分计虑在内。我们的评说就算次第展开，仁者见仁，智者见智，也在所难免。此外，你想想看，何时何地又有过百虑一致的通途？

张之洞

清王朝的头号掘墓人

一个做了一辈子清王朝忠臣、重臣的人,到头来却被视为辛亥革命的促成者,这个戏剧效果可不弱。

1956年,《洋务运动》一书问世,作者牟安世在导言中宣称:"所谓洋务运动(或称'同光新政'),乃是清朝统治者在汉族地主官僚和外国侵略者的支持下,用出卖中国人民利益的办法,换取外洋枪炮船只来武装自己,血腥地镇压中国人民起义,借以保存封建政权的残骸为目的的运动。毫无疑问,这是一个反动的、卖国的、并以军事为中心的运动。"当年,历史研究以政治风向标为鹄的(gǔdì,目的),历史观以阶级论为基础,这种一边倒的恶腔调只证明"立场正确",并没有给学理留下任何回旋的余地。随着晚清洋务派的总体评价不断走低,张之洞的历史地位和历史价值也长期跌落不起,这位晚清儒臣、洋务巨擘被斥为"洋奴"、"汉奸"、"卖国贼"和"民族投降主义者"。你说这些标签太奇怪,确实奇怪。你说这些标签不奇怪,也确实不奇怪。

近年,一些研究晚清史和民国史的学者,将注意力转移到张之洞的另一个光彩夺目的角色定位上,他竟超越孙中山、袁世凯，被夸赞为清王朝的头号掘墓人。张之洞以良相自期，以忠臣自许，他在湖北经营十余年，编练出一支精锐的新军，本想延长帝国的气数，结果事与愿违，一次擦枪走火就震断了王朝的筋脉。历史的玩笑开得如此之大，确实令人摸头不着脑。

浑身色彩斑驳的历史人物，很容易被后世的历史学者简单化和脸谱化。历史的真相是一幅幅若隐若现的拼图，瞎子摸象不行，盲人扪烛也没用，多保持一点耐心和好奇心则会收获更丰。我们通过史料去看张之洞，面目未必清晰，但尽量寻找一些原始细节，加以比对和甄别，总比妄下定论更有意义，也更有趣味。

废除科举制：张之洞的异常举措

在中国汗牛充栋的史籍中，《清史稿》素以草率、简略著称，晚清重臣张之洞一生轰轰烈烈，其本传的篇幅却不足二千五百字。"张之洞，字香涛，直隶南皮人。少有大略，务博览为词章，记诵绝人。年十六，举乡试第一。同治二年，成进士，廷对策不循常式，用一甲三名授编修。"这是本传的开头文字，点明张之洞的籍贯（直隶南皮即今河北南皮县），张之洞十六岁就以乡试第一名（"解元"）的优异成绩中举。有趣的是，徐致祥抄袭张之洞的文章，早早地成了进士，点了翰林，张之洞反而先行后至，二十六岁时，以殿试一甲第三名（"探花"）的优异成绩进士及第，被钦点为翰林编修。在科举时代，鼎甲功名令人艳羡，此后，张之洞的仕途坦平如砥，固然与他的才能德绩有关，也与他的巍科高第的出身攸关，毫无疑问，他是"应试教育"的受益者和得意者。然而早在戊戌变法前，张之洞就主张科举考试宜弃八股，改试史论及本朝政法、时务和经义。二十世纪初，张之洞年过古稀，他偕同袁世凯，极力主张废除八股取士的科举制度。反对者并不蠢，他们想出一个巧妙的策略，拿张之洞和袁世凯说事："如谓科举之中无经济，张之洞讵（jù，岂，表示反问）非科举出身？如谓学堂之外无人才，袁世凯何尝由学堂擢用？"但这回中国的科举制度真的已到寿终正寝之时，张之洞"有幸"成为其终结者之一。当时，军机大臣三人，张之洞、袁世凯主张废除科举，王文韶持反对意见，他说："国家大典，应交内外臣工议，岂能由二臣请停！"但两票对一票的结果，仍是科举制被兜底废除。袁世凯本以领兵致通显，主张保留科举的人，对他责备尚不甚严厉，对张之洞则极诋为"过河拆桥"。元顺帝时，平章政事哲尔特穆尔建议罢黜科举，"太师右丞相巴延以为然，遂定议，参政许有壬争之力。翌日，宣诏，特令许有壬为班首以折辱之。许惧祸不敢辞。治书御史布哈诮之曰：'参政可谓过河拆桥者矣。'许以为大耻，移疾不出"。许有壬遭受讥讽与张之洞相同，可谓老前辈。但许有壬是反对罢黜科举的大臣，只因畏祸不敢辞宣读诏书的班首，张之洞则为废除科举的主动人物，过河拆桥，当之无愧。

张之洞除了力主废除科举制，断掉贫寒学子通往仕途的独木桥，他还干了两件颇遭时人诟病的"好事"：以兴学变法为名，废除书院山长制度而为学校监督制度，师道因此降尊为卑；废除幕宾制度，将书札和权谋委于文案，于是幕僚制度流行成弊。元朝始兴山长制，山长必一时之俊选，道德学问为诸生所宗仰，师道尊严，朝野奉以殊礼。明清两朝沿袭旧制，凡教授、教谕、训导，皆可长揖公卿。张之洞废山长制，广雅书院、两湖书院的监督由官方任命，师者为官，性质剧变。以往，督抚司道才有幕宾，由刑名师爷、智囊和西席（家庭教师）组成。幕宾与幕僚最大的不同就是：幕宾只能出主意，私下或可弄权，幕僚则可公然弄权。左宗棠做湖南巡抚骆秉章的师爷，因为弄权引起公愤，一度被武官樊燮告御状，险些身陷囹圄，到了清末（延伸至民国时期），幕僚多由大佬的心腹充任，上位极快，形成一个特定的幕僚集团，对地方事务大包大揽，遂有尾大不掉之忧。废除书院山长制和官场幕宾制，这两件事，张之洞都是始作俑者。有人笑谈，张之洞是绍兴师爷的终结者。更有人忧虑："学无尊师，谁主风气？官无诤友，谁达外情？学者钻营，幕僚唯诺，贤者尚不敢妄为，狡者得专行己意。"张之洞用汪康年、赵凤昌、樊增祥等人为幕僚，品类太杂，贻讥于人，甚至有人撰联"两湖总督张之洞，一品夫人赵凤昌"，讽刺张之洞对赵凤昌言听计从，如被枕边风扇得晕头转向，实为恶噱。幕宾梁鼎芬尤为狡狯，他买通张之洞身边人，侦悉张之洞日常所读书和所谈事，然后暗中恶补，细心揣摩，竟使张之洞误认为梁鼎芬知识渊博，行事稳当。老冤家徐致祥上封事参劾张之洞，重点就是"任意妄为，废弛纲纪，起居无节，号令不时"，其中提到张之洞"宠任宵小赵凤昌，秘参政事，致使道路风传不堪之言"。徐致祥当然没能参倒根基牢固的张之洞，吃瘪的只是赵凤昌，但打狗欺主人，这件事让张之洞很没面子。

武备文事并举：张之洞的政绩

有一个笑话说：闽浙总督张之万（张之洞的兄长）平时

总是佩带两块怀表，别人感到惊讶，以为有什么高明的寓意，张之万笑道："吾仅二表，视吾弟八表犹少矣。"

在古代，"八表"又称"八荒"，专指极远之地。光绪十年（1884），张之洞署任两广总督，上谢恩折，其中有"身系一隅，敢忘八表经营"一语。从此，这位封疆大吏就以"八表经营"著称。张之万拿弟弟的"八表"调侃打趣，确实发人一噱。

张之洞在两广总督任内的作为最令人称道，也是他一生事业的根基。中法大战，中国取得了近代对外战争唯一的大捷，张之洞有审察大势、说服朝廷、调和诸将、供应后勤的功劳。难能可贵的是，这位不可一世的大傲哥对主持中法战事的老帅彭玉麟礼敬有加，彼此精诚合作，十分愉快。张之洞是代理淮军大将张树声出任两广总督的，出京赴任之前，他让樊增祥撰稿，赞扬彭玉麟，"加官不拜，久骑湖上之驴；奉诏即行，誓鬵海中之鳄。艰难时局，蘷铄是翁。岭外长城，中朝柱石。独开一府，罗枚马于军前；并用五材，走孙吴于帐下。远闻壮略，实启愚心……一切机宜，专求裁断。"老帅彭玉麟年近古稀，初到广东统兵，处处受到两广总督张树声的掣肘，几乎动弹不了，腾挪不开。张树声被朝廷调离后，新任总督张之洞力挺彭玉麟，处处虚己相从，可想而知，文武和洽,均感快惬。张之洞派使者携带急信和五万两饷银去恭请年届古稀、息影田园的冯子材出山,最具诚意。正是冯子材、刘永福、王孝祺等宿将扭转了战局,张之洞虽未亲临前敌,披坚执锐,但他雍容坐镇,调度有方,仍然居功至伟,令朝野刮目相看。

镇南关大捷和谅山大捷后,法军主帅孤拔被清军的大炮击毙,清军本可乘胜追击,将法军驱逐出安南(越南),但主战派疏于情报的搜集和分析,主和派见好就收。有人说,李鸿章心生嫉妒,不愿看到主战派的战果迅速扩大而故意使之半途而废。从张之洞的反应来看,这话不无道理。战后,他择取唐代诗人张九渊的诗句"无心与物竞,鹰隼莫相猜"来表明心迹,自号"无竞居士"。

《清史稿·张之洞》这样写道:"之洞耻言和,则阴自图强,设广东水陆师学堂,创枪炮厂,开矿物局,疏请大治水师,岁提专款购兵舰。复立广雅书院。武备文事并举。……莅官所至,必有兴作。务宏大,不问费多寡。"张之洞在广东如此,在湖北亦如此,创建两湖书院,遣派留学生,设立织布局,开办汉阳铁厂。张之洞还力主修建南北中枢干线——芦汉铁路。他强调:"修路之利,以通土货、厚民生为最大,征兵、转饷次之。"

当年，修建铁路是大难事，筹款不易，炼钢不易，防范贪渎不易，处理复杂的人事不易，张之洞却锐意为之。芦汉铁路（从卢沟桥到汉口）实为后来的京广线北段。醇亲王奕谭在复电中赞扬张之洞的任事之勇："纵使志大效迂，成功与否，不可预必。然精卫、刑天之志，足以痛洗畏葸不任事者之肺肠。"只要涉及中国近代重工业，谁也绕不过张之洞，尽管汉阳铁厂的长期亏损并非秘密，其产铁成本高居不下，一直是官方头痛的事情，想必张之洞也头痛过，但事关国家的重工业前途，就是亏本也得大干快上。

张之洞两次担任两江总督，为期都很短，但他购置后膛炮，改筑西式炮台，设专将专兵守卫，招聘德国军官当教练，组建江南自强军，广立学堂，事情并没少做。

光绪二十六年（1900），义和团大闹京津，两宫西狩，国势危殆。两江总督刘坤一、湖广总督张之洞发表联合声明，与各国领事签订东南互保条约，保全了中国东南各省的安定局面。这说明，张之洞的大局观是不错的。为了免遭慈禧太后的猜忌，他一再表示：倘若两宫稍有闪失，他就投湖自尽，生为清臣，死为清鬼。

张之洞主战，并非底气使然，而是意气使然。1904年，日俄战争在中国东北奉天爆发。此前，局势紧张时，张之洞即明确表态,欢迎日本与俄国大干一场。他认为,俄国素以强暴著称,中国应庆幸日本重创俄国,以此消除和减轻边患。这种见识,卑之无甚高明,以狼驱熊,熊退而狼进,边患何能消除和减轻?何况日俄在中国领土上会战,中国主权受到践踏,生灵惨遭涂炭,又岂是值得"欢迎"的美事?战后,俄国的气焰确实有所下降,但日本的气焰大炽,吞噬东北三省遂在日寇的计划之中。张之洞痛恨俄国,实因他与李鸿章不睦所致,李偏向俄国,张就偏向日本,大臣间的意气之争给国家埋下了可怕的祸种。

当年,朝野评价张之洞的政绩,有人用的是"乏善可陈"四字,认为张之洞说得过去的"政绩"只有两件:在山西禁烟,在广东开赌。张之洞治鄂的时间最久,十多年,对手下亲旧不能严加督伤,因此官场贪贿成风。张之洞在山西严禁鸦片,没说的,禁得正当。张之洞在广东大开赌禁,筹措军费,以应付中法战争,虽有点像是捞偏门,倒也是被迫无奈之举。敌对者抓住这个把柄讥讽他,并没有多少说服力。

有一件事值得一提,光绪三十三年(1907),张之洞离鄂赴京,湖北士民为了纪念他的功德,军界集资在蛇山建抱冰堂,学界集资在黄鹄山建风度楼(后遵张之洞的建议,改为奥略楼)。梁鼎芬主持,在洪山卓刀泉关帝庙旧址上建张之洞生祠，张之洞闻讯大怒，用加急电报责备梁鼎芬："卓刀泉为明魏忠贤生祠故基，忠贤事败，拆去生祠，改建关帝庙，今建予生祠于上，是视我为魏忠贤也。予教育鄂士十余年，何其不学，以至于此！速急消弭此举，勿为天下笑。"由此可见，马屁精们拍马，还真不能拍错地方。

清代文官死后谥文襄，一定要有武功铺底才行。《清会典》于"臣谥"条目下可寻依据："辟地有得曰襄，甲胄有劳曰襄，因事有功曰襄。"张之洞死后谥文襄，一度令世人费解。然而仔细梳理一番，张之洞在两广总督任上，确实打过漂亮仗，军队固然由兵部尚书彭玉麟统领，谅山大捷也是由大将冯子材取得的，但功劳簿上少不了张之洞的名字，中法之战的胜利在很大程度上得益于张之洞虚己推诚，任贤选将，与彭玉麟和衷共济。左宗棠死后谥文襄，毫无争议，他不仅平定了东南，还收复了西北，可谓居功至伟；但左宗棠是内战大师，未曾与外寇有过正面交锋，这一点张之洞倒是因为中法战争取胜，占到了外战内行的美名，他死后被谥为文襄，不算夸张。

互不相欠：张之洞与慈禧太后的关系

清朝大臣的遗折通常都是在其去世后由他人代撰，往往空泛矫情。张之洞的遗折却是个例外，出于本人亲授，言之有物，其中有这样几句："殿试对策，指陈时政，蒙孝贞显皇后、孝钦显皇后拔置上第，遇合之隆，虽宋宣仁太后之于宋臣苏轼，无以过之。"这就是说，当年张之洞殿试高中探花，与东太后和西太后的青睐有直接关系，所以他感恩戴德。北宋宣仁太后是宋英宗赵曙的皇后，是宋哲宗赵煦的祖母，哲宗即位后，宣仁太后垂帘听政，将此前被贬谪为黄州团练副使的苏轼召回朝廷，任命为翰林学士，并告诉他："此先帝意也。先帝每诵卿文章，必叹曰：'奇才奇才！'但未及进用卿耳。"苏轼闻言，痛哭失声，宣仁太后也泪下如雨。张之洞引用这个典故，似乎有点不伦不类，但二者因文字受知是相同的，将"女中尧舜"的金箔贴在慈禧的刀条脸上则不会出错。说到"与太后对泣"，张之洞也有过一回类似的经历。光绪二十九年（1903），张之洞入京，慈禧太后在湖园召见，两人见面时，慈禧太后呜咽涕泣，张之洞也老泪纵横。据高树《金銮琐记》所载："孝钦与文襄见面……始终未交言。盖各有伤心，不知从何处说起，惟有对泣而已。对泣已久，孝钦命休息，乃出。"高树猜测，慈禧太后于四十年前初见新科探花郎张之洞时，她才二十八岁，张之洞才二十六岁，饱经忧患之余，现在都已白发苍苍，垂垂老矣，难免生出物是人非的悲感。高树以此见闻赋诗一首："湖园召见上帘钩，年少探花已白头。各有伤心无一语，君臣相对涕横流。"

应该承认，慈禧太后待张之洞不薄，她比他早死数月，可算是大半生（四十五年）的恩主。张之洞由词臣（翰林学士）出身，起点高，自我定位也高。当时，清流派已成气候，京城中流传的说法是：李鸿藻为青牛头，张之洞、张佩纶为青牛角，陈宝琛为青牛尾，宝廷为青牛鞭，王懿荣为青牛肚，余下的便是牛皮、牛毛。青牛与清流谐音，故有此说。作为青牛角，张之洞的战斗力是毋庸置疑的。他为四川东乡冤案中遭到残害的村民仗义执言，使恶县令孙定扬等罪魁祸首受到了极刑的惩罚，因此名震朝野。三十一岁后，他辗转浙江、湖北、四川等地担任乡试考官和学政。1878年，崇厚出使俄国，擅自签订丧权辱国的《里瓦几亚条约》，张之洞"论奏其失，请斩崇厚，毁俄约"，朝廷清流派和主战派对他赞不绝口，慈禧太后也认为张之洞见识清明，人才可用，采纳了他的建议，另派曾纪泽赴俄改签条约，崇厚虽蒙不杀之恩，仍入狱抵罪。张之洞做了一年侍讲学士，因为遇事敢为大言，在清流派中声誉日隆。张之洞四十四岁出任山西巡抚，这么年轻的省长现在可是难得一见，四十七岁出任两广总督，五十三岁迁调为湖广总督，五十八岁升调为两江总督，不久即回任湖广总督，六十五岁再任两江总督，六十六岁入京充任经济特科阅卷大臣，厘定京师大学堂章程，事毕即回任湖广总督，六十九岁晋协办大学士，随后不久，擢体仁阁大学士，授军机大臣，兼管学部。屈指算来，张之洞在北方做了三年巡抚，在南方做了二十二年总督，在湖广总督任上为期最长，前后相加约十二年，在两广总督任上为期次长，共五年多，此外，在山西巡抚任上三年，在两江总督任上两年，在军机大臣任上三年。他的这份履职表虽比李鸿章的履职表差些成色，但相比同辈官员，已是十分光彩。倘若他不是深得慈禧太后的信任和倚重，是无法想象的。

戊戌变法之前，张之洞是稳健的洋务派分子，他多次疏陈兴利革弊的诸项事宜，著《劝学篇》，为光绪皇帝所倚重，他举荐的嫡系亲厚弟子杨锐被任命为军机章京，是戊戌六君子之一。戊戌变法失败后，康梁出逃，六君子遇害，陈宝箴等高官受到牵连，张之洞却泰然无事。有人说，这是因为《劝学篇》预为防患，"中学为体，西学为用"八字毕竟不同于康有为的"尽变祖宗之法"六字。透过表象看实质，更深层的原因是，老成的封疆大吏日渐凋零，所剩无几，慈禧太后不敢自卸臂膀，自剪羽翼。

慈禧太后一度想废黜光绪皇帝，另立溥俊为傀儡。此事非同小可，她分别向封疆大吏李鸿章、刘坤一、张之洞征求意见，李鸿章和刘坤一期期以为不可，刘坤一的意见尤为直率和激烈，"君臣之分已定，中外之口难防"，这斩钉截铁的十二字使慈禧三敛其手，彻底放弃了废立的念头。有一个著名的典故，张之洞是肯定知道的，唐高宗李治欲立武昭仪为后，向大臣长孙无忌、褚遂良、徐勣征询意见，长孙无忌、褚遂良坚决反对，徐勣却相当滑头，他说："此陛下家事，何必更问外人？"张之洞正是瞟学了这门功夫，他回复慈禧太后："此事权在太后，非疆臣所得干预。"道理上似乎是成立的，他的态度却并不明朗。慈禧太后在李鸿章、刘坤一那里碰了两个硬钉子后，不敢一意孤行，张之洞看在眼里，道路传闻更是一边倒，他听到赴鄂公干的朝臣德穆谈及溥俊的种种悖谬言行，便改弦更张，致电军机大臣、自家姐夫鹿传霖，一方面声称"为外臣者，此等事不宜妄言"，另一方面婉转致意，大阿哥溥俊乃端郡王载漪之子，载漪是庚子之乱的罪臣，为各国所仇视，此层关系于国家确有妨碍。当年，舆论盛赞刘坤一"卓有操守，无愧大臣风节"，张之洞首鼠两端，则相差甚远。人到无求品自高，张之洞有所求，在关键时刻就难免软滑。他求什么？求入阁拜相，出任封疆大吏二十多年，人赞其命好，他却自叹淹滞未达。张之洞暮年晋协办大学士,荣升军机大臣,就是慈禧太后赐予的丰厚回报。

光绪三十四年(1908),慈禧太后故伎重演,议立四岁的溥仪为皇储,准备在有生之年继续垂帘听政。大臣中,只有世续认为宜立长君,溥伟是更好的人选,李鸿章、刘坤一、荣禄均已去世,昔日老臣凋零殆尽,张之洞的意见就显得至关重要,他表态赞成立溥仪为储,令慈禧如释重负。当时,外界传闻,光绪皇帝弥留之际,曾派小内侍传手谕给张之洞,立溥伟为嗣君,在场众人大惊失色。据《凌霄一士随笔》描述:"张之洞徐曰:'乱命乱命。'且言且以手团搓之,竟置靴筒中,事遂寝。"张之洞还赞成载沣为摄政王,此举直接要了他的老命。慈禧太后死后,隆裕太后垂帘听政,载沣大权独揽,他任命亲贵载洵筹办海军,载涛训练禁卫军,张之洞力谏不可,遭到载沣的申斥,心气高傲了一辈子的张之洞受此恶待,回家后便发病呕血,以至于医药罔效。

互不买账:张之洞与李鸿章的关系

约翰·濮兰德在《李鸿章传》中写道:"张之洞与李鸿章的关系属于对手和批评家的关系。张之洞的特点在于他总是一位全凭经验行事的不切实际者,而在另一方面,李鸿章的政策却是基于对实际情况的明确承认。"

光绪六年（1880）夏，张之洞反对崇厚擅签的《里瓦几亚条约》，在奏折中对李鸿章露出了相当明显的敌意："李鸿章高勋重寄，岁糜数百万金钱以制机器，而养淮军正为今日，若不能一战，安用重臣？伏请严饬李鸿章，谕以计无中变，责无旁贷，及早选将练兵，仿照德国新式，增建炮台。战而胜则酬以公侯之赏，不胜则加以不测之罚。"什么叫"不测之罚"？那就是处以极刑或诛灭九族。张之洞主战，不愿看到李鸿章主和，因此他建议朝廷（其实就是建议慈禧太后）把李鸿章当成剃骨刀来用。

约翰·濮兰德于光绪九年（1883）来华，在大清皇家海关总税务司赫德手下做过事，出任过上海英租界工部局秘书长，兼任《泰晤士报》驻上海记者。他与李鸿章和张之洞都曾有过正面接触。他的看法是：

> 张之洞是一位愚昧而诚实的幻想者和对工业梦想的耐心的追求者，同时，他也嫉妒李鸿章在慈禧的帮助下高高在上的地位。但作为一名儒家学者和坚定的保守派，他认识到并钦佩这位对手对太后的忠心；跟左宗棠一样，他是到了最后，尤其是经过1900年所发生的事件之后，

才被迫承认李鸿章在处理与洋人的关系时所采用的和解方法要比那些谴责李鸿章的无知者的方法明智得多。

当理想主义者遇上实用主义者，这场较量并不容易分出胜负，因为他们是隔空挥拳，或谓之在不同的擂台上叫板。光绪十八年（1892）二月，李鸿章七十大寿，张之洞似乎尽弃前嫌，撰写了一篇相当古雅的贺信，夸赞李鸿章的军事筹划，尤其显得肉麻而缺乏真诚。"顺八风而列八阵，循环无端；藏九地而攻九天，高下皆准"，官场客套，虚与委蛇而已。中日甲午海战，北洋水师一战归零，朝野对李鸿章的激烈攻击无以复加，张之洞即是推波助澜者和落井下石者，重读他两年前的贺寿信，简直就是刻骨的讽刺。

李鸿章曾讥讽张之洞"华逾于实"。庚子大乱后，李鸿章在北京主持和议，与东西洋十一国代表商议和约，心力交瘁。张之洞迭电建言，隐有不恭不敬之词，他的意见也与李鸿章的想法格格不入。李鸿章对别人说："香涛做官数十年，犹是书生之见也。"意指张之洞不谙大势，不明大局。张之洞闻言深恨，勃然反击："少荃议和两三次，乃以前辈自居乎？"有好事者集联，李鸿章和张之洞的这两句话适成天然对偶。

如果说李鸿章只是大清帝国这幢固有的牛皮纸大厦的"裱糊匠",那么张之洞就是虚张声势的设计师,他设计的新大厦仍是砖木结构,却有些不伦不类的西式风格。李鸿章笑张之洞不切实际,张之洞笑李鸿章敝帚自珍,两人互不服气,互不买账。光绪二十七年(1901),李鸿章去世,张之洞迟之又久才派人送去一幅祭幛,中间只写一个"奠"字,上款署"文忠侯中堂",下款署"晚生张之洞拜挽",故意不写挽联,以此标示自己不赞一词的本意。

张之洞与李鸿章政见不合,为人处世的态度也迥然不同,彼此终身不释憾,但他们都因为含恨忍耻,吐血而亡,这个结局倒是惊人的一致。

若即若离:张之洞与袁世凯的关系

如果说张之洞与李鸿章之间是对手和政敌的关系,那么张之洞与袁世凯之间就是若即若离、非友非敌的关系,可利用时利用,可帮忙时帮忙,偶尔也会暗中拆台,彼此缺乏诚意和敬意。比较而言,张之洞对袁世凯更有恩德。

张之洞比袁世凯大二十二岁,行辈为先,资望亦高,在他心目中,袁世凯乃是行伍出身的粗人,这样的后进新贵斥两不足。徐树铮在《致马通伯书》中感叹，张之洞倚老卖老，不好侍候。袁世凯原本对张之洞执礼甚恭，却一再被他怠慢轻视，心中难免愤愤不平，不易释怀。两人若能"尽其材画，戮力中朝"，武昌之变就很可能不会出现。徐树铮是段祺瑞的智囊，北洋人物中之佼佼者，他自然更偏袒袁世凯。徐树铮举出一个例子，证明张之洞为人行事过于傲慢，故作偃蹇（yǎnjiǎn）恶态，造成本不该有的关系裂痕。光绪二十九年（1903），张之洞入京，路过保定，其时袁世凯代理直隶总督，恭请张之洞阅兵。阅兵完毕，袁世凯在官邸设宴，直隶要员悉数入席，仪式十分隆重，态度颇为恭敬，张之洞却倚案垂首，不合时宜地打起瞌睡来，发出匀细的鼾声，这种情形当然令东道主大为尴尬和难堪。张之洞醒后，又只与席中翰林后辈杨士骧长谈，将袁世凯晾在一旁，如同陪客，枯坐无聊。多年后，袁世凯对此番遭遇仍耿耿于怀。

张之洞升任军机大臣后，有一天，他问幕僚高友唐："外间对余有何议论？"高友唐回答道："郑孝胥曰：'岑西林（春煊）不学无术，袁项城（世凯）不学有术，老师有学无术，端午桥（方）有学有术。'"张之洞笑道："予自问迂拙，不但无术，且不能自谓有学，不过比较岑、袁多识几个字。袁岂仅有术，直多术耳。"高友唐遂以"老成谋国"四字推许张之洞，称赞他有唐代名相房玄龄的谋略和杜如晦的决断,天下学问无大于此者。张之洞闻之莞然。有趣的是,有术多术的袁世凯尚缺保身保命之术,最终仍要乏术无术的张之洞伸出援手,才好不容易从鬼门关掉转回头。

慈禧太后死后,载沣为摄政王,决定为兄(光绪皇帝载湉)报仇,诛杀袁世凯以谢天下,朱谕初稿拟定的罪名为"揽权跋扈,植党营私",醇亲王奕劻震恐,不敢置一词。唯有张之洞硬着头皮,"再三婉陈,力为乞恩",而且警告载沣,袁世凯身负练兵重任,羽翼已丰,死党有力,京师在其掌控之中,倘若处置不慎,则社稷宗庙危矣。谕旨最终由张之洞改拟,袁世凯开缺回原籍养病,保住了首级,也就保住了东山再起的希望。曾有人私访张之洞,问道:"项城(袁世凯)是英鸷之辈,朝廷既然不能用他,杀掉是对的。如今他怏怏不悦,回乡养病,难道朝廷就不担心后患无穷吗?"张之洞的回答显然是书生之见:"明朝崇祯皇帝勤政爱民,本是一代明君,只因对待群臣过于严厉,轻易诛杀大臣,终于导致亡国。现在摄政王仁厚英明,理应导以宽大,培祥和之气,增强国脉,倘若摄政之初就诛杀先朝倚重的大臣,我担心他杀顺了手,会重蹈明末的覆辙。"这话听去句句在理,但袁世凯毕竟不是袁崇焕,他城府太深,张之洞并未看个分明。试想,袁世凯被杀，清朝是否还能苟延残喘更长时间？这很难说，大势所趋，中华民国仍将取代清王朝，一切的一切都会大不同。就因为张之洞多嘴多事，袁世凯捡回一条性命，历史就朝着不可逆转的方向伸出了触角。袁世凯当然应该感激张之洞，可是天下人要为此付出更高的血泪代价。

《劝学篇》："中学为体，西学为用"

张之洞以文章经济自负一生，他极其痛恨公羊学（今文经学）和六朝骈俪文字，而这两样都是康有为推崇备至的。张之洞的代表作是《劝学篇》，这本书被视为晚期洋务运动的纲领性文件。《劝学篇》中有一个"三生主义"："强生于力，力生于知，知生于学。"张之洞著《劝学篇》，会通中西，权衡新旧，对新旧两派在文化思潮冲撞时期的表现分析得丝丝入扣：

> 图救时者言新学，虑害道者守旧学，莫衷于一。旧者因噎而食废，新者歧多而羊亡。旧者不知通，新者不知本。不知通则无应敌制变之术，不知本则有非薄名教之心。夫如是，则旧者愈病新，新者愈厌旧，交相为瘉，

而恑诡倾乱敌名改作之流遂杂出其说以荡众心。学者摇摇，中无所主，邪说暴行，横流天下。敌既至，无与战。敌未至，无与安。吾恐中国之祸，不在四海之外，而在九州之内矣。

洋务派与维新派小同而大异，康有为大声鼓噪的孔子托古改制被张之洞斥为异端邪说，务加驱除。

《劝学篇》具有强烈的忧患意识和图强精神，由内篇（九篇）、外篇（十五篇）组成。"《内篇》务本，以正人心。外篇务通，以开风气。"其中的五知——"知耻、知惧、知变、知要、知本"——令国人省悟。尽管《劝学篇》只有四万多字，是本小书，但它涉及面甚广，凡是洋务派讲求的练兵、开矿、筑路、设学、留洋、办报、译书、变法、农工商等皆有论及，因此它在当时具有较强的指导作用。

张之洞喜闻西学，爱谈洋务，可谓由来已久。他任山西巡抚时，英国传教士李提摩太在传播福音之余，提倡开矿、筑路、兴学，以声光化电的常识启沃官民，张之洞眼界顿开。有一件趣事值得一提，张之洞于机器制造略窥门径，某洋务局总办却对业务极不熟悉，一日传见，张之洞问他铸一门大炮要用铁多少磅，这位总办不假思索，率然而答："职道给大人回：大炮用五六十磅铁，小炮用二三十磅铁就够了。"张之洞掀髯大笑："这点铁只够造一个锅子，一个汤罐。"翌日，这位总办就丢掉了乌纱帽。张之洞的门生周锡恩掌教黄州经古书院，勇于提倡时务，所出考题中，将拿破仑与汉武帝相提并论，许多洋名词（显微镜、千里镜、热气球之类）出现在文章里。张之洞与周锡恩经常在一起谈论外国学问、政治、军事、制造等，虽不免隔靴搔痒，但兴致极高。张之洞瞅准了慈禧太后对维新变法的反感，于是调整观点，在《劝学篇》中提出"中体西用"的稳健主张，惊险度过了戊戌变法的鬼门关。两年后，他以狠辣的手段镇压武汉自立军起义，杀害唐才常、林圭等人，交上了另一份血腥的成绩单。冯桂芬、薛福成等人曾对"中体西用"有所论及，但《劝学篇》加以提炼和明确，使之成为灵活应对中西新旧之争的政治、文化主张。有人说，张之洞不去强行碰触体制的红线，够滑头；也有人说，张之洞左右逢源，几方讨好，够精明。然而"体"是衰弱老迈之体，"用"是强壮青春之用，可谓枯根嫩叶，难以维持，老牛破车，力不从心。究其实，张之洞的"中体西用"只是过渡时期的权宜之计，而非究竟意义上的解决办法，用它去实现强国梦，肯定勉为其难。其后，康有为大谈特谈孔子托古改制，张之洞不以为然，相比"中体西用"的深入人心，康有为的许多思想泡沫只不过昙花一现，张之洞下令封禁上海的强学会和《强学报》，就是稳健的洋务派对激进的维新派所作的强硬表态。

张之洞督鄂时，曾告诉黄绍箕（字仲弢）："我从政有一定之宗旨，即'启沃君心，恪守臣节，力行新政，不背旧章'十六字，终身持之，无敢差异也。"

1927年端午节前，王国维在颐和园鱼藻轩附近投水自尽，其挚友、史学家陈寅恪在挽诗中忧世道沦夷，伤文化衰敝，不免回溯清末新政，向张之洞致敬："当日英贤谁北斗？南皮太保方迁叟。忠顺勤劳矢素衷，中西体用资循诱。"这说明，在没有更好的主张出现之前，张之洞的"中体西用"堪称过渡阶段的安慰模式，各派能找到一个相对踏实的落脚点。

民国初期，孙中山视察武汉，他称赞张之洞是"不言革命之大革命家"，意指张之洞在湖北兴实业、练新军、办教育，为辛亥革命提供了物质、人才和思想的坚实基础。史学家蒋廷黻也对洋务派的实干精神不吝赞美之词，"在我们这个社会里，做事极不容易。同治年间起始的自强运动，虽未达到目的，然而能有相当的成绩，已经费了九牛二虎之力。"蒋廷黻惋惜洋务运动晚了二十年，倘若早投药石，宪政或许能够形成气候。

张之洞晚年目睹朝政日非，无法匡救，情绪相当消极，总觉得无一人可靠，无一事可办。其绝笔诗写道："诚感人心心乃归，君臣末世自乖离。岂知人感天方感，泪洒香山讽喻诗。"张之洞死后两年，辛亥革命就在他担任过多年湖广总督的武汉爆发了，清王朝土崩瓦解。张之洞的强国梦，由于形格势禁，人谋不臧，而宣告彻底破灭。不少人艳羡张之洞身名俱泰，其实他也是赍恨（jīhèn，抱恨）以没。

湘绮老人王闿运撰联挽张之洞："老臣白发，痛矣骑箕，整顿乾坤事粗了；满眼苍生，凄然流涕，徘徊门馆我如何？"可谓言之有余痛。

清官情结：张之洞不贪财

张之洞暮年拜相，任军机大臣，这是迟来的得意，由于他不爱批条子，不爱收银子，许多钻营之辈苦于鸡蛋无缝难下蛆，因此张之洞的府邸甚是清静，相比招权纳贿的袁世凯，实有天渊之别。张之洞有一副门联可为写照："皇王有道青春好，门馆无私白日闲。"他自诩"无私"，不算十分吹牛。

张之洞在遗折中以"不殖生产"自明，这倒不是矫情作伪，他确实是晚清官场中可与彭玉麟、刘坤一齐名的廉洁高官。

清官通常都具有强烈的道德优越感，张之洞也不例外，他做事往往比贪官更大胆。据《兰隐斋笔记》所载，张之洞为了筹款，在湖北采纳幕僚陈衍巧取豪夺的"妙策"，改铸铜元，以二钱之本赚八钱之利，盘剥百姓，饮鸩解渴，其后各省纷纷效法，国内币制大乱，民生益蹙，流毒无穷，终于不戢（jí，收敛）自焚。张之洞改铸铜钱的实际后果（对清王朝的威胁）比人们想象的更严重，他用这笔巨款扩充湖北新军，由汉阳兵工厂添造快枪子弹，派遣大批留学生赴日本学习军事，这些人中就藏有不少革命党人（黄兴是最突出的一个），终于促成武昌起义的成功。一个做了一辈子清王朝忠臣重臣的人，到头来却被视为辛亥革命的促成者，这个戏剧效果可不弱。

张之洞不贪私财，他出任两广总督时，依例可得太平关、海关等处馈银二十万两，这并非贿赂，而是惯例，张之洞见此累累巨款，问明缘由，然后悉数充公。然而张之洞挥霍公款，毫不吝啬，由于兴举太多，造端宏大，所养冗官游士不少，而用财至滥，亏空甚巨。户部尚书翁同龢虽在光绪十年（1884）四月二十八日的日记中赞扬张之洞"毕竟磊落君子人也"，但张之洞任两广总督后，则于业务多有吹求，"粤省政事，无不翻驳"。翁同龢是两朝帝师，能在光绪皇帝跟前直接进言，张之洞不免神经紧张，一再辩解，诉苦说，身为疆臣，自己所到之处牵萝补屋，采买营造，力求撙节，常苦于无米为炊。实际情形则是，张之洞在辖区内厉行新政，他不贪私财，督府却难免与民争利。

光绪二十八年（1902），张之洞出任督办商务大臣，再署两江总督。一位道员为某富商私献白银二十万两给张之洞贺寿，请求在海州开矿，张之洞闻言大怒，当即劾罢了这位道员。张之洞"任疆寄数十年，及卒，家不增一亩"，一品高官能做到这样清廉，绝非易事。

光绪二十九年（1903），张之洞自京返鄂，顺道回家乡南皮祭祖。他捐出五千两赏银和廉俸一万二千两，在家乡兴建新式学校，题名为慈恩学堂。中西合璧的学校布局新颖，有教室、寝室、餐厅、厨房、议事厅、图书室、操场，还设置有花园假山，种植了古槐和海棠。此校于光绪三十三年（1907）竣工，七月开学，设初等小学、高等小学及中学部。

南皮解放后，慈恩学堂更名为南皮中学。1966年秋，以南皮中学学生为主的红卫兵造反派，扛着旗帜，打着铜锣，来到南皮县双庙村张之洞墓地，先将墓碑拉倒，然后掘开墓庐，将他和三位夫人的尸骸弃置在露天之中。据当年的现场目击者回忆，红卫兵用钢钎撬开棺盖时，随葬品寥寥无几，张之洞面色如生。

捉摸不透：张之洞的作派、性格和脾气

大人物必然会受到过度关注，很容易被妖魔化或神圣化。曾国藩被传为蟒蛇精转世，张之洞则被传为猕猴精投胎。张之洞的父亲张锳在四川做官时，曾带夫人游峨眉山，听说山中有一只百岁老猴，夫人好奇要看，看后，老猴即奄然（yǎnrán，忽然）物化。于是有人附会，张之洞，字香涛，名中有"洞"，字中有"桃"，再加上他小时候喜欢吃枣栗，皆可佐证他是猕猴精的化身。张之洞短身长髯，体魄与常人无异，精力却更为充沛。他集杜诗为联，或处理政事，居然能做到十余天目不交睫，这就苦了他的下属，轮流值班，个个累得趴下，他却气定神闲，不露丝毫倦容和疲色。即便如此，如果准许二选一，张之洞的僚属倒宁愿他工作，不愿他睡觉，因为一旦他睡着，则麻烦更大。

张之洞起居无节（生活无规律），虚矫傲慢，是出了名的。稍得闲暇，他就打瞌睡。有时，宴会场合，客人到齐，海陆杂陈，纷纷亮相，他却呼呼睡着，谁也不敢惊动他，等到菜都凉了，他才睁眼醒来。一餐饭吃两三个时辰，菜肴回锅数次，客人皆以为苦，他却习以为常。张之洞见客，情形也好

不到哪儿去，接谈不久，稍一冷场，张之洞即鼾声微起。

光绪二十九年（1903），直隶总督袁世凯到南京公干，事毕，两江总督张之洞做东，大摆筵席，为袁世凯饯行。南北两大总督餐叙，绝对是空前盛会，可是酒至半酣，张之洞为瞌睡虫所叮，竟熟睡如婴儿，久未醒转。袁世凯以为张之洞有意怠慢自己，便愤然离去。张之洞醒后，赶紧命令僚属排队，请袁世凯回席，袁世凯有点不情不愿，但还是拗不过张之洞重张盛筵的客气，终于"欢饮"而别。此事令外界颇费猜测：张之洞是存心敬重袁世凯呢，还是故意怠慢袁世凯？

有一次，湖北学政去总督府拜见恩师，只谈了几句话，张之洞就支颐神游大槐安国去了，这位弟子只好静候恩师醒来。还有一次，张之洞回访湖北巡抚，停轿之后，随从揭帘，巡抚看到总督大人已经睡着，赶紧叫人搬来屏风围幛，在一旁守候，这一等就是六个小时。张之洞睡饱醒来，神清气旺，与巡抚剧谈良久，然后打道回府，大家饥肠辘辘，疲倦不堪，他却跟没事人一样。

张之洞的记性超好，读书过目不忘，但他性子缓，办理急务，反而容易抛之脑后，被人讥为"号令不时"。湖广总督张之洞曾遣派两湖书院学生出洋留学，这些年轻人已束装待发，张之洞要接见他们，结果等候了一个多月，音信全无。

学生们激愤难忍，发传单声讨张之洞，险些闹成学潮。两江总督张之洞电召正在美洲公干的黄遵宪赶紧回国，有要事相商。黄遵宪回国后，却三个月见不到张之洞，气得咬牙切齿，却无可奈何。黄遵宪一怒之下去了上海，张之洞这才记起前约，去电相召，结果又是半个月毫无着落，等到他们总算见了面，那件急务早就黄了。某位官员因公事求见张之洞，门卫叫他在客室候着，时值数九寒冬，他从白天候到晚上，饥寒交迫，回家后大病一场，险些丢掉老命。某太守引以为训，每当张之洞召见，他就自备饮食和棉被，准备打"阵地战"和"持久战"，他说，我可不能重蹈别人的覆辙。李伯元著谴责小说《官场现形记》，不给高官留丝毫情面，小说中有一位贾制台，"入座荒唐，起居无节"，即以张之洞为蓝本，写得活灵活现。

张之洞唯我独尊，自以为天高皇帝远，怠慢僚属，谁都只能忍气吞声。梁鼎芬算是狠角色了，曾因章太炎力倡排满而痛批其颊，使之留下心理疾患，但他侍奉张之洞唯谨唯敬，犹如孝子事亲。张之洞的下属中也有聪明角色，巧妙使用反制手段，相当有效。张之洞任两广总督时，某县令将去粤东履新，按程序走，先要晋谒总督。有人提醒他："总督大人极为傲慢，你要有心理准备，别指望他起身回礼。"县令不以为然地说:"天下岂有此理!"于是他以满汉全席赌输赢。县令进了总督府,张之洞果然翘足倚胡床,似睡非睡,漫不为礼,县令见状,立刻绕了个弯子:"卑职刚从京城来,有话跟总督大人说。"张之洞以为是京中要员托此人传达口信,不觉起身坐直。县令说:"卑职只想请问,大人在京城晋见皇上时,皇上举止如何?"张之洞闻言,心中一惊,皇上不曾傲慢总督,总督又岂可傲慢县令?这个暗藏不露的逻辑推理太牛了,于是他收起满脸的倨傲之色,慢慢地起身回礼。

应该说,张之洞的傲慢既是一种作派,也是一种策略和手段。有例为证。张之洞任两广总督时,对待巡抚倪文蔚,态度极其傲慢。有一次,倪文蔚去总督府拜访张之洞,张之洞拒不接见。倪文蔚够倔犟,第二天再去,仍遭冷落,于是他大步流星闯进张之洞的办公室,忿然作色,他叫道:"总督、巡抚同为朝廷命官,我因公造访,你为何故意小瞧我!"撂下这句话,倪文蔚拂袖而去。某将军居中调和,为他们摆酒。结果张之洞姗姗来迟,直入上座,全无半点礼让的意思,将军敬他的酒他端杯就喝,将军敬倪文蔚的酒他也抢杯喝掉,气得倪文蔚推案而起,当天就打算挂冠而去,同城督抚不和,中央照例将弱势的一方调走。张之洞大权独揽,正中下怀。

要说张之洞嗜睡,他当了三年军机大臣,常见皇上、太后，也没听说他哪次就睡着了。由此可见，张之洞傲慢，纯粹是见人下菜碟。

结语

张之洞是中国近代的一个重要符号，不可小视，更不可忽略。通常，后人只注重他的政绩和学问，其实他的文学天赋相当了得，尤其以捷才急智著称。曾有人出上联"树已千寻难纵斧"，向他求对，他略一沉吟，即答出下联"果然一点不相干"，这个无情对工稳之极。有一次，张之洞与好友李文田游陶然亭，对饮时，张之洞就地取材，以"陶然亭"三字向李文田索无情对。李文田胸有成竹，冲张之洞呵呵一笑，道是："若要无情，非阁下姓名莫属矣。"将"张之洞"对"陶然亭"，确实"无情"。面对一地鸡毛的政治残局和军事烂摊子，张之洞岂能"陶然"？就是强作欢颜也不容易。

图书在版编目(CIP)数据

裱糊匠/王开林著. —上海:复旦大学出版社, 2014.1
(微阅读大系·王开林晚清民国人物系列6)
ISBN 978-7-309-10094-5

Ⅰ. 裱… Ⅱ. 王… Ⅲ. 名人-人物研究-中国-近代 Ⅳ. K820.5

中国版本图书馆 CIP 数据核字(2013)第 228831 号

ISBN 978-7-309-10094-5

裱糊匠
王开林 著
责任编辑/李又顺
复旦大学出版社有限公司出版发行
上海市国权路 579 号 邮编:200433
网址:fupnet@fudanpress.com   http://www.fudanpress.com
门市零售:86-21-65642857   团体订购:86-21-65118853
外埠邮购:86-21-65109143
山东鸿杰印务集团

开本 850×1168 1/32 印张 5 字数 79 千
2014 年 1 月第 1 版第 1 次印刷
印数 1—4 100

ISBN 978-7-309-10094-5/K·451
定价: 22.00 元

如有印装质量问题, 请向复旦大学出版社有限公司发行部调换。
版权所有   侵权必究